七天新自我誕生曼陀羅

蘇絢慧手繪能量畫作

在這一趟認識自己的旅程之後，
成為真正想成為的人，
知道自己的獨一無二，
知道自己的生命如此美好。
這將是任何人都質疑不了，
也剝奪不了的領會。

新自我誕生曼陀羅

第一天——「曜」

你的誕生是獨特的，
在你還未全然認識自己之前，「你」已存在。
在你的一生，你用每一天，讓生命光芒照亮這世界。
你的明亮，來自於你看見生命所蘊藏的內涵，
如鑽石般璀璨，如太陽光耀眼。
那是由內而外，所散發出的生命力量。
因著這份生命力，你意識到自己的存在，
不容漠視、不容抹滅，
你確實存在，
並且啟動了認識「你是誰」的歷程。

新自我誕生曼陀羅

第二天——「波」

生命的運行是流動的。
透過生命的運行、時間的流動，
一切從啟蒙漸生屬於你的輪廓。
生命的律動、推前，似水、似泉、似浪。
你感覺到自己的前進，
迫不及待地向前，成長、形成。
你從中發現自己的勇敢、積極，
勇於經歷也樂於冒險。
縱然懵懂，但藉著探索自己、探索世界，
你充滿了生命的活力，與新生的希望。
你知道，一切，都正在形成中。

新自我誕生曼陀羅

第三天——「盛」

成長的一路上，充滿著各種可能，
引領你朝向豐盛及茁壯的道路。
生命的成長至成熟，不僅需要完整的歷程，
也需要足夠的條件聚合。
每一份挑戰，都是歷練。
每一次的扎根及翻動，
都讓你更了解自己的特性、能力、耐性及承擔力。
生命的豐盛及厚實，
來自於你實實在在地投入所有過程，
充分將你的生命落實於這世界。
因為你如實經歷，內心因而真實地為自己開心，
為自己的存在感到肯定及滿足。

新自我誕生曼陀羅

第四天——「曌」

你的生命有光亮面，也有黑暗面，
但無論是在光處或暗處，
你都感覺到自己如閃耀的光體，
在這宇宙，存在。
你的存在獨一無二，沒有複製、沒有雷同。
當你的生命誕生，生命就已蘊藏一份美好，
如一份寶藏，早已內建在你的生命中。
透過你的發掘、你的自覺，
你真實地領悟這一份美好的生命價值。
在那一刻，你會真正知道，
你之所以是你的原因。
你會看見你的生命光芒，
無可掩藏，無可取代。

新自我誕生曼陀羅

第五天——「絢」

當你真正讓自己活在這世界，
你的絢爛與光彩，將無與倫比。
人活著，脫離不了與世界的關係。
這世界，包含著你的存在，才是完整。
與其和你所生存的社會保持距離，
不如與社會建立良好互動的關係，
如魚幫水，水幫魚，
一起在自然的生態中，相互支持，
相互滋養及提升。
讓這世界，因你的參與，更美好；
也讓你的生命，因世界的參與，更豐富。
讓生命萬物的共存共容，
連結成為我們的大千世界。

新自我誕生曼陀羅

第六天——「虹」

曾經掩蓋住光芒的灰塵汙垢，
在過程中洗滌、擦拭、淨化後，
你看見了自己本質的存在，
耀眼、純淨，具有人性，蘊含神性。
歷經了千辛萬苦，翻越萬重山，
終於你真實看見，自己生命原本的美好。
你體會到——
當你面對了限制、承認有所不足，
並謙卑地向生命說「是」，
真實地接受你需要的修煉及學習時，
生命會回報給你一份厚重的領會，
讓你看見真實的自己，
全然綻放，自在而喜悅。

新自我誕生曼陀羅

第七天——「癒」

愛回自己，
把自己的各個部分，
重新地一一找回來，擁抱回來。
那些被自己遺忘的、拒絕的、拋棄的、切割的，
都能得到自己的接納；
這是自己的一部分，在承認後，
涵納回自己生命中。
也許，你因此深層地體會與接觸到自己
不總是勇敢，
也會害怕無助，也會脆弱無力。
但因為如此，你懂了容許、諒解、理解、關懷，及撫慰，
還有，愛的重要。
於是明白了，
唯有愛，可以療癒一切。

七天靜心練習

著色頁

請以七天的時間，
練習滋養自己，
成為有機而富有能量的內在世界。

新自我誕生第一天

「曜」

新自我誕生第二天
「波」

新自我誕生第三天

「盛」

新自我誕生第四天

「曌」

新自我誕生第五天

「絢」

新自我誕生第六天

「虹」

新自我誕生第七天

「癒」

蘇絢慧——著

七天自我心理學，
找回原本美好的你

目錄

前言 用你的每一天，完成創造你自己 005

第一天——認識自我・人我界線・自我覺察 013
創造你的新自我
我是誰？活在這世上，究竟是為什麼？
為什麼生活中有那麼多不明的感受侵擾？
「人我界線」是什麼？
為什麼有那麼多他人不知道的不快樂和沮喪深埋在心中？

第二天——人格特質・安全感需求・生存模式 053
創造你的新自我
為什麼體內會像住著大大小小、各種形象的怪獸，到處亂竄？
我好怕被人發現，有一個自卑又自大的我住在我體內，被人看見我的脆弱及自傲。
我不知道該怎麼展現自己才對。
到底要怎麼呈現，才不會被人批評，才不會有人有意見？

創造你的新自我
第三天——自尊與自我價值・自我肯定・自我回饋 093
竭盡所能地滿足別人，究竟想要從中獲得什麼？
即使我好努力討他們開心，為什麼還是有些人會對我有敵意，或不以為然？
為什麼還是有人在背地批評我，說我很假、做作，愛引人注意？
為什麼別人總看不到我這麼努力付出？

創造你的新自我
第四天——發覺獨特天賦・自我選擇及自我承擔・情感連結與調節 121
自己究竟有什麼獨特，才能構成「我」的存在？
我很想去闖一闖，很想要看看自己的能耐，可以在這世上如何存活。
但是，我又覺得擔心，怕不穩定，怕人家所說的那樣，是不是太衝動？會不會太不實際？
我想我是害怕自己的「失敗」……

創造你的新自我
第五天——關係建立・人際連結及互動・社會參與及關懷 153
你不覺得，與人互動真的是麻煩嗎？
人，哪有真心的？

這社會的人，總是仗勢欺人，哪有什麼公平正義？
我真的覺得這社會讓人太沮喪，也太恐懼。或許在這個社會，我永遠都適應不了。

創造你的新自我
第六天——學習與分享・實現生命理念・成就自己 181
生活那麼多困惑，那麼多壓力，都快因應不了了……
我能有什麼不同的人生嗎？我能夠為這世界帶來什麼影響？
所謂生命的存在，其實只是被這社會操弄及利用嗎？
應該盡可能享樂就好，樂在當下，不要為未來擔憂太多，也不對未來抱有希望？

創造你的新自我
第七天——安息及修復・自我照顧及滋養・接納自我 211
事情一件一件地來，還未完成的任務一堆……真的覺得快爆炸了。
什麼時候才能夠真正的休息？
那些激勵話語，現在的我根本不想聽。
這樣持續耗損、持續虛弱下去，難道要到我真正倒下了、崩毀了，一切才能終止嗎？

後語 每一天照顧及揭開自己，綻放出「全然的你」 237

前言

用你的每一天，完成創造你自己

國中三年級的時候，我認識了一個A段班的女生。

這女生自信、穩重、不卑不亢，既沒有嘲諷我這個B段班的學生，也沒有驕傲自己在前段班的成就。有一段日子我們一起打球，一起交換了在不同段班，所看見的生命風景。

這段日子，我經驗到前所未有的經歷；我獲得關注、被允許說出自己的感覺，我可以真的是我自己，我不用怕被嘲笑、漠視，被視為應該遭放棄的敗類。

之所以有這麼震撼我的經驗，不只是因為我被歸類為學校「放牛吃草」的B段班生，還有一部分原因是，我在兩年內陸續失去兩位重要親人——我的祖母及父親。

那時，父親離世不到一年。我的性情變得封閉、憤世嫉俗，總覺得這世界所有一切都對不起我。在我心底，那些壓得我喘不過氣的哀傷，和對環境的無奈及失望，讓我時時刻刻想快點結束生命，絲毫體會不到活著有任何意義。

遇到這個女孩，好像遇到另一個星球的人類。她有著和我截然不同的性格、不同的談吐，和不同看待世界的角度。

然後，這段關係變得有些糟糕。

因為，我開始有一股渴望，想抓住這個女孩，讓她成為我最重要的朋友。我以為只要這個女孩永遠是我朋友、存在在我生命中，我就會感覺到自己還有心跳，對這世界還有一點期待。也許，這世界，這人生，沒有那麼糟。

於是，我緊跟著女孩。在學校時，下課想找她；放假時，想要跟她碰面。讀書也好、說話也好、打球也好，只要讓我可以保持與她的「連結」，無論做什麼都好。

不到三個禮拜，這段剛萌生的友誼關係，戛然而止。我在她家參觀她的房間時，興奮地對她說：「真希望可以常常和妳在一起，跟妳在一起好快樂。」她卻似乎已經準備好，對我說出這樣的一段話：「妳這樣是行不通的，妳不能一直找我。我是我，妳是妳。我有我的生活，妳有妳的生活，我沒有辦法接受這樣被妳找，然後失去我自己。妳也應該要有妳自己。」

我當下其實聽不太懂，什麼我自己、你自己？那是什麼？我也不明白，只是想要有她這個朋友，為什麼突然間好像我做錯事了？我究竟做錯什麼事？想要有一段永遠不會失去的友誼，有錯嗎？

在十五歲未滿的這個年齡，這一段話對我無疑太深奧了。將近十五年的人生，我只感受自己的存在被貶抑，許多生活驟變帶來的痛苦情緒只能壓抑。缺乏重要關係陪伴長大的我，對於「我是誰」完全無知，對自己的存在，也常感到無力及沮喪，因為有太多情況不是我可以選擇及控制的。

生命的失落及沮喪情境，總是接二連三發生。我只感覺像是被這些遭遇呼巴掌，呼過來呼過去，頭暈目眩，站立不穩，絲毫不知道什麼叫「我該有自己」？

之後，我和這個女孩再也沒有見面。被她拒絕的我，直覺自己好丟臉，從此之後，我不再找她。那時候，只留住「受傷」感覺的我，甚至不知道「受傷」的感覺從何而來，只覺得自己再次回到只有一個人的孤單及空虛中。而這段意外的短暫友誼，成為我想要遺忘，卻又遺忘不了的經驗。

歷經了數十年，如今，我深刻地懂了，當初那女孩所說的那段話。

我後來的人生，經歷了很多轉折及摸索。成年後，生涯的轉變，讓我從美術工藝工作者，轉而學習社會人文學科，才開始認識：所謂的「自我」是什麼、人我關係上的「界線」是什麼、一個人現在的存在如何被早年經驗塑造及影響……等等知識。

經歷了陪伴生命最後一程（安寧療護）的社工師職涯後，繼續進修的心理諮商專業學習，及近萬小時的心理諮商執業經驗，讓我更加了解，自我，是人安身立命於世的根本。**自我，若混亂失序，必定有一個混亂失序的生活處境；自我，若建立了秩序，也隨著生命發展而成長、成熟，他必有個讓他怡然自得，並足以讓他有能量、有力量、有資源實現自我存在意義的生活處境。**

以我早年的生活處境，要建立一個「穩定健康、有功能的自我」實在困難。「自我」的建立過程，需要許多有益因子，那是早年的我幾乎無法具有的。

當時我的內在，只能以混亂失序、矛盾痛苦、糾結混沌來形容。這樣的內在既沒有光亮，也沒有具滋養性的養分，來促進生長成有活力、有良好循環的有機環境。從荒蕪的枯竭之地，到如今猶如有泉源、有氧氣、有能量運作的內在有機環境，這中間的轉變過程，除了需要神蹟（神的恩典及幫助），也需要個體願意修復、更新並重建自己，再造屬於他、適合他運作的內在世界（內在系統）。

我們都知道這個事實：你是自己此生相處最久的人，分分秒秒，時時刻刻，沒有人比你更需要懂得該如何與你相處，但是，我們並非因此就能成為最懂自己的那個人。

許多時候，我們覺得自己的感受莫名其妙，也覺得自己的意向念頭難以掌握。往往不是我們想怎麼做，就能依計畫做到。生活中，總有好多的延遲、掙扎、懷疑及不知名的恐懼。有些時候，我們甚至不知道自己究竟是誰，覺得自己好陌生，疑惑著：為什麼好多情況身不由己？

而這個世界，有好多令我們猶豫，讓我們無法坦然面對的情況。恐懼、焦慮，乃至倦怠，無時無刻不跟隨著我們。我們因此迷惑、沮喪，好想找到一個能始終有著好能量的自己。也好想能有一條捷徑，告訴自己，如何讓人生站上高峰，不迷惘、不遲疑、不寸步難行。

人生中有許多困局，最大的左右者與影響者，無非是自己。自己，可以把自己關進心靈地牢，也可以帶自己走到柔光溫暖之地。自己，可以創塑一個無盡苦楚的地獄，也可以帶自己翻越萬重山，走到新視野的又一村。

然而，如果一個人內在的狀態阻塞抑鬱，又有許多自我衝突力量，磨損自己的生命元氣，這些內在的失序及耗竭，則會反映在外在行為的失序，和生活處事的失控及失去界線。

所以，我書寫這本書，**以七天的時間，陪伴你展開重建自己的旅程，並練習滋養自己，成為有機而富有能量的內在世界**。這也是許多當事人尋求我協助他們的原因。透過這本書，改變自己的處境，改變那些習以為常的痛苦循環，最重要的是，改變你的內在，成為有成長性、滋養性，具能量活力的有機環境。

七天，是《聖經》〈創世紀〉裡，記載神創造世界的歷程。因為這七天，新世界被創造；因為這七天，萬物從混沌不明成為有秩序、有連結，並生生不息的世界。然後，在無限的七天循環中，世界演變、發展、前進、改造。

你是大世界的一部分，與這世界連結共生。同時，你也創造及運行著自己這個小世界——你的生命。你的存在、所言所行、所思所感，都會成為一種訊息，釋放給外界，同時接受外界的回應。你移動、你駐留、你轉向，你的任何反應，都來自你所被建立的內在系統。你是你這個生命系統的領航員，帶領著自己遨遊在這個外在世界，與世界接觸，也與世界共存共生。

這個外在世界提供機會和處境，讓你創造並累積屬於你個體生命的內在世界經驗，你的經驗同時也成為改變及推動外在世界的一股影響力。歷程中必然有風險；你會受傷、會迷惘、會失去、會歷經耗竭。生命的探險旅程，從來不是單一面向的體驗，只確保你成功和永遠擁有。事實上，你真正能擁有的，是屬於你內在心世界的體驗，也就是你所要完成的自己——你的思想、你的情感、你的精神力量、你的心靈洞見。這一路的體會及領悟，將帶你完成獨一無二的自己，並深植在靈魂深處，見證你個體生命厚實的成長及蛻變。

你的生命如此珍貴，誕生於這個世界，歷經創塑，歷經蛻變，終於成為你最需要成

為的樣子。這一路的歷練，從蒙上灰塵汙垢，走到擦拭掉那些灰塵、打理好秩序、整頓好生命，最終是為了告訴你：你，本就美好。

生命的存在，本質即是美好。但因為成長過程有太多混亂挫折的遭遇，衝擊著你的生命，也令你生命覆蓋一層一層的陰霾，毀壞你原本可以好好成為自己的空間及機會，使你不得不懷疑自己的生命，本就美好。

透過本書，每一天，每一週，循環練習著、認識著、建立著、發展著。隨著你與自己建立真實而平衡的關係，你內在的力量逐漸滋生，真正成為成熟完整的新成人，真正成為無可取代的自己。

請以完整的七天，與自己的生命相伴，同行為伍，創造自己心世界的新秩序、新樣貌、新生態，為你自己，創造一個新世界。

你的心如何，你的力量就如何。

你的心如何，就決定你所處的世界如何。

我相信，你在建立自己內在新世界所付出的努力，都不會白費，總有一刻，開花結果。只要足夠的累積，就會有甜美的果實。

藉由本書的七天認識及練習，你將好好認識屬於你的這個「我」；這個有機體，有氣息、有歷史、有厚實心靈的存在者。

祝福你，在這一趟認識自己的旅程之後，成為真正想成為的人，知道自己的獨一無二，知道自己的生命如此美好。這將是任何人都質疑不了，也剝奪不了的領會。

創造你的新自我

第一天

認識自我・人我界線・自我覺察

起初神創造天地。

地是空虛混沌。淵面黑暗。神的靈運行在水面上。

神說，要有光，就有了光。

神看光是好的，就把光暗分開了。

神稱光為晝，稱暗為夜。

有晚上，有早晨，這是頭一天。

《聖經》〈創世紀〉1:1-3

一切的根本：「我是誰」

早上醒來，一如往常，沒有什麼特別不同。

今天和昨天、前天，及大前天的模樣，幾乎沒有差別。

依照每天習慣，一起床，就開始忙著動作，趕緊盥洗、換衣、隨口塞進食物，然後吞進幾顆保健食品，趕著出門上班，開始一天的忙碌生活。

然而，今天早上醒來，卻有一些不同的感覺湧上心頭。

說不上來是什麼感覺，就是好希望這一切的生活，可以有些改變。

並不是說有什麼特別不滿意、不愉快的情況發生。只是，自己好像機器一般，每天應付著大小事，不管關不關你的事，這些事都會找上你，要你負責，要你處理。

偶爾，也需要幫人擦擦屁股，處理一些被人推來的狗屁倒灶麻煩事。

日復一日，在每天一樣的循環中，漸漸發現，其實這些必須應付處理的事，都不會有真正結束的一天，只是不斷消耗自己，耗費體力和心力，面對及解決所發生的問題。

一直以來，總是很努力也很認真，想趕上這世界的步調，也想獲得這世界的認同。但三不五時還是聽到別人告訴自己，這裡不夠好，那裡不對。也總有人會說，該怎麼做才能有效經營人生，或是該如何塑造自己成功形象的道理。

這些話，好似都在告訴自己，離成就的標準、離成功人士的定義，還有一段遙遠的距離。

今天早上，突然之間，對生命感到好茫然，不確定自己每一天的努力奮鬥，究竟在追求什麼？

到底有沒有成就的一天？

生活中，也沒有一個人可以好好與自己說話，聽聽自己究竟在過著什麼樣的生活。

而這樣的生活，是自己要的嗎？

那種突然想哭的感覺，沒什麼道理，因為真的說不出自己到底是怎麼回事。

好像有那麼一剎那，彷彿掉進一個巨大的黑色漩渦。

一切建構出來的生活結構，都被這巨大的黑色漩渦席捲，吸進一個暗不見底的黑洞中，崩滅成混沌，只見眼前巨大的黑暗。

獨自一個人置身在黑暗中，什麼都看不見，一點微光也尋找不到。

這種空洞、空虛的感覺，從黑色巨洞中，像細小的塵埃飄散開來，散布在胸口，竄升至喉嚨，掩住了口鼻，然後從眼角傾洩出淚水……

這一刻，終於聽見自己的聲音，聲聲啜泣著。

無助地望著自己的房間，這既熟悉又一如往常的日子，是一點一滴打拚出來的，不懂為什麼心中會有許多說不出的迷惘、疲倦、無力，和淡淡的哀傷？

自己到底是誰？活在這世上，究竟是為什麼？

為什麼生活中有那麼多不明的感受侵擾？

為什麼有那麼多他人不知道的不快樂和沮喪深埋在心中？

這一切，究竟是怎麼了？自己的生活又該如何繼續下去？

親愛的，我知道，現在，你成為最令自己感到沮喪的對象。

這個你，讓你覺得陌生，也讓你覺得恐懼，你不知道自己發生什麼情況，失控的感覺卻悄悄襲來。

低落、無望、沮喪、茫然、說不出為什麼的焦慮感，都讓你懷疑，一切看似全在軌道上，卻不確定，這條軌道真的通往你想抵達的地方嗎？

你知道嗎？**當你願意停留在內心，感受這些不舒服的感覺時，正是你要蛻變的開始**。

你察覺自己的不對勁，也開始對看起來一成不變的生活感到疑惑。而此刻，當你願意給自己機會，聆聽我怎麼說、怎麼回應你，我知道是由於你的內在有多麼想改變，多麼想要真實地活著，可以感受生命的美好。所以，你想要處理、想要解決，想要改變這些莫名的感覺，應許自己一個美好的生命，擁抱美好的日子。

我們都在看似一成不變的每一天中，建構屬於我們的生活世界。我們在時間的推動下，過完白天、晚上，然後一天過去，準備迎向另一天。

我們用「每一天」建築著所有我們生存需要的物質、生活秩序及作息安排。我們將時間切割成一小格一小格，填進事務與計畫，按表操課，把時間塞滿、花盡。

每天早晨，我們以一天的生命能量，應付已安排好的一天，匆匆忙忙，像陀螺似地打轉。應付完一切後，拖著疲倦的身體及虛空耗竭的精神，走進等待我們已久的黑夜。

一切看似平凡不過的日子，卻暗藏著我們身為人的各種煩憂，壓抑著各種情緒。雖然理智總是握有最大的控制權，主控我們的行為，讓我們可以在時間的推動下，成為一個「社會要的人」。然而，這一個「社會要的自己」，是你喜歡的嗎？是你自己喜歡相處的對象嗎？能讓你感覺到真實的喜悅嗎？是你可以實實在在肯定的嗎？

在歷經人生許多起伏波折後，為了讓日子可以平靜安穩，讓自己順利生存，你不斷因應外在的要求，試著順應外界的評價及生存規則。你因此不關注自己，時常將自己的需要擺在最後。為了「任務」、為了「目標」、為了「績效」、為了「成績」，你拚命達成、再達成。

你所做的一切，都不是為了看見一個對生命感到滿足、喜悅的自己，而是為了證明，自己不會被淘汰、自己不會被排除、自己不會被劃分開來，不會成為那個沒有資格在社會生存的人。

在成長的過程中，我們一定遇過許多這樣的情況，別人要我們照著他們的期待展現，或是，認為我們不怎麼樣展現，就是不夠好、異常，就是不該存在。於是，我們慌張、焦急、不安，恐懼著自己真的不夠好及異於常人。

然而，我們真的該跟隨他人的標準嗎？我們能跟其他人一模一樣嗎？如果我和他人真的不同，那麼我該存在嗎？還是該犧牲自己那些看起來獨特的地方，複製他人的樣貌形象呢？

不斷認同他人的模樣、形象，乃至價值觀、思維，那樣的我，還是我嗎？

在我們的成長過程，總經歷過被周遭的聲音（養育及培育我們的師長們）淹沒的感覺，這些聲音告訴我們該這樣、該那樣（比如：該要有禮貌、該禮讓弟妹、該會讀書；

或是，不該頂嘴、不該喜歡某樣東西、不該懶惰、不該不配合……），環境的聲音越強勢、越巨大，就讓人越覺得「他們是對的、我是錯的」。

然後，我們疑惑著，究竟該為了那些聲音改變自己，才是活得正確？還是，該為了自己喜歡或想要的，拒絕別人的意見看法，遠離那些聲音？那樣是不是太自我？

「自我」的獨特性存在，讓我們察覺自己和他人的不同。因為察覺到這些不同，而讓我們覺得失去連結感、依靠感，於是我們感到孤獨，甚至寂寞。

當我們還未有力量，承接住自己的存在所具有的不可逃避之孤獨，也還未真實學會處理自己的寂寞感時，我們害怕「是自己」；害怕成為一個獨一無二的人。「孤獨」讓我們害怕被排除的感覺，害怕被忽略及漠視，所以，我們努力擠進群體中，證明我們是屬於群體的一分子。

我們寧願從眾，寧願以主流價值傳達的一種「應該」，做為我們生命活著的方式。這樣的選擇，至少讓我們覺得安全，覺得還有人接受我，也讓我可以維繫某份關係。即使，這份關係僅是表面微弱的連繫，並未有實質的連結、接納及尊重。

人為了順利生存，會選擇「安全」的處境，於是，在「我」之外，其他人的聲音、其他人的意見、其他人的觀感，都是自己該注意、該小心符合的，好使自己可以一直處於被接受、被認為「合格」的評價中，安然度日。只是，自己同時也被瞬間就塞進內心的那些聲音淹沒，找不到生命所要航行的方向，也不知道自己究竟身處何方。

當這些聲音混亂地共存在心中時，我們甚至無從辨別它們，該怎麼取捨？該怎麼拿捏？該怎麼為自己釐清出一條明確的路，讓自己無懼地向前走？

這種感受，確實像是置身於一片渾沌中，見不到光亮。

而當我們自覺處於這樣的空虛混沌中時，這片空虛正告訴我們：「你渴望一個真實而完整的自我」。

空虛，讓你知道，你所努力及所付出的所在，那些經歷過的汗水淚水，還未將你帶往真正要成為的樣子。或許，你從未真正聽懂自己內心的渴望，也未曾在乎過自己的想望及需要。你只是一直付出自己，卻從未在這些付出裡，看見你成就了一個美好的自己、一個你真心實意喜歡的自己。

認識「自我」的誕生

現在，讓我邀請你，先好好的認識「自我」。這個你一生，最需要認識及學會相處的人。

我們每個人都有一個「自我」（Self）。自我，讓我們知道自己是獨特的，有屬於自己獨一無二的樣貌，有最終自己要成為的成熟個體。

然而，生命一開始，都是空虛混沌的。我們沒有完整的「自我」，自然分不清楚自己和他人是不同的兩個個體。我們以為，一切的生存，都必須仰賴「他者」，以至於我們以為，「他者」和「我」是共同存在的，連為一體，沒有分別的。

我們和生育者——媽媽，正是如此，身心同步：當我們餓，食物來就口；當我們不舒服，問題自然得到解決。我們以為，自己和媽媽是同一個個體，共用一個身體，也共擁有一個心靈，這一切幾乎沒有界線存在。那時候，什麼都是含糊一起的，媽媽給什麼，我們吃什麼；媽媽在哪裡，我們也在哪裡。只要媽媽存在，我們也就存在。一切，自然不過。

媽媽，無疑是嬰孩時期，我們最需要的人。我們非常需要媽媽（主要照顧者）的愛及照顧，幾乎是依賴著媽媽的存在，憑藉她給予能供我們成長的養分，也給予我們她的所有，讓我們存活下來。然而，隨著我們開始會爬、會站，會行走，而能夠離開媽媽身邊後，媽媽就無法隨時隨地與我們在一起，我們也必然發現，一個「我」（I am）出現，有別於媽媽，有自己的想要、有自己的需要。也才發現，原來，媽媽和我，不是同一個個體。

所以，「我」開始慢慢分化出來；從媽媽這個客體分化出來，有了屬於自己的人格，成為有「自我」的主體。我們不再像寄生物，將媽媽視為宿主一樣，汲取她供應的養分、照料，和一切我們視為理所當然的給予。「我」開始成長，開始能學習，從模仿開始，「我」也想做一些我們看到外在他人正在做的事。他們笑，「我」笑。他們說話，「我」也說話。他們動作，「我」也動作。他們能做的，「我」也想做到。

在我們還是孩子時，約十八個月（一歲半），便能從主要照顧者稱呼我們的名字開始，清楚意識到「我」的存在，知道「我」有別於其他人。當「我」存在了，開始因著與環境及其他人的互動，產生許多感覺，知覺自己是什麼樣的一個存在體；在生存情境中，究竟世界（環境）是什麼？他人（其他存在體）是什麼？而「我」又是什麼？

同時，也因「自我」的長出，我們發生的情緒經驗也越發複雜，開始經驗到人性的欣羨及嫉妒，夾雜哀傷、失落、生氣、恐懼等等複雜的情緒。而喜歡的、不喜歡的，想要的、不想要的，感受強烈，直接表達。也因此開始遭遇環境的制約、限制、懲罰或剝奪。

情緒之所以開始複雜，是因為「自我」接觸外界的時候，透過摸索、感覺、接觸，試著了解這個世界，也試著從與環境的接觸，來滿足自己。當主體受到刺激源刺激後，必然產生為了適應或因應這些刺激的情緒反應。之後，透過經驗累積，漸漸也回饋到自身，形成我們的認知體系、自我運作的參考架構，並型塑出我們的主要人格（由多種性格組成）。於是，「自我」慢慢形成，隨著生理年齡的生長，人的心智能力也越發茁壯，歷經多次轉化提升，「自我」終於達到成熟。

所以，當我們開始想好好認識自己，探索及了解這個型塑你是誰的「自我」，就特別重要。包含你的思維特徵、情緒特性、反應模式，以及，在你的人格中，所包含的性格特質等等。

每個人都受到型塑「自我」的獨特經驗、成長背景、生活遭遇……等等影響，即使生活在同一個屋簷下，因為基因的差異、特質的差異、排行的差異、非共同生活經驗的差異，都使我們型塑出來的「自我」迥異。

而一個能好好認識自己的人，也才有可能認識你所存在的世界，並真正認識他人的獨特。

「自我」的形成

每一個人的「自我」，都是自己生存世界的一部分，甚至，可說是自己世界的核心。你所感知的世界，是由你來定義，也由你來詮釋。你的內在如何感受，你就會如何解釋世界、認定世界。你的內心單調空乏，就會認為這世界無趣生厭；你的內心豐富溫暖，就會認為這世界多彩有愛。你可以帶自己上天堂，也可以帶自己下地獄，或是將自己帶到混濁失序的邊境。

所以，你看見的世界及他人，都有著你自己經驗的投射及解讀，如果你未真正的認識關於你所累積的經驗如何影響你，又如何決定你的行為及思考，還有，怎麼啟動你的情緒感受，你幾乎不可能明白，你對世界及他人的認定及觀點，有極多的部分，由你界定，由你塗上色彩，描繪而出。

看見一個不笑的臉孔，有人解讀這個不笑的人是冷漠，有人解讀這不笑的人是有個性，有人則解讀這不笑的人正經驗一件煩憂的事。這些解讀可能與事實中那個不笑的人的處境或狀態相同，但在還未核對及確認前，所做的解讀判斷，就是猜測者投射自己的經驗所做的判斷。

那個決定「我」的世界是什麼的那個「自我」，又是如何被型塑出來的呢？這個問題值得好好探索、深究。為什麼有人對自己感到喜愛？為什麼有人對自己感到厭惡？為什麼有人對自己感到親密？為什麼有人對自己感到陌生，甚至疏離無感？

這個「自我」，除了先天上，與生俱來的天生氣質因素影響外，有非常大的成分，幾乎一半的比例，是來自後天的環境塑造及交互影響。一個孩子在四、五歲時，即已累積千萬次的生活經驗，足以形成他如何認識這個世界，以及如何知覺自己及他人（延伸至人際關係）。

讓我們一起來看看這樣的例子。兩名一樣大的女孩，一個出生在穩定的環境，主要照顧者帶著有意識的關注及撫慰，照顧著他們的小女孩，常常在與小女孩互動的過程中，告訴小女孩她是被愛的，她是可以學習的，她是有能力的，她是被接納及欣賞的，這樣的小女孩，無疑從小就有較多的機會，感受到一個比較正向的自我，除了情緒能因環境的安全穩定而較易平穩，在感受自己時，也能從環境的回饋及互動中，經驗到自己是一個被重視、有存在感、有自尊及價值感的「我」（I am）。

相反地，另一個女孩，自小生長在一個傳統重男輕女的家庭，從誕生那刻起，就生存在一種否定、鄙視、輕蔑的環境中。周遭的氛圍，時常散發著一種對她的失望、厭煩及拒絕。她最常聽到的聲音是：「閉嘴，不要發出聲音。」「妳不聽話，不是好孩子。」「你很笨，沒用。」女孩生活中的許多經驗，都回饋給她一個負向的她，使她開始經驗及知覺自己是一個不好的主體；「我是不好的」「我是差勁的」「我是讓人厭煩的」……這些對於自己的觀感，會慢慢形成她看待自己的視框，也漸漸形成她對自己的評價及認定。當她感受自己時，就會連結到一個令人厭煩、令人不喜愛，也被人拒絕及否定的自己。如此一來，她的價值感會低落，自尊會不穩定，情緒則容易起伏，焦慮不安、沮喪挫折、恐懼擔憂，會是她難以因應的劇烈情緒。

而她所知覺到的「自我」，因為受環境偏執的對待或忽略，而無法平衡及完整，於是形成了一個「破碎的自我」，始終無法認識一個完整的自己。也就是在他人的惡意對待及負向評價中，她的自我遭受到攻擊及傷害，而有了破損、有了缺口。

接下來，我們可以預估她們不同的人生發展及經歷。生活在正向回饋環境中的女孩，對自己的存在環境較能感受到安全、穩定、信靠。她也能因此穩定學習、穩定成長。學習成果也相對高，因為能夠專注在生活當下的經驗，去感受、去經歷、去體驗，並累積心得。她也會從中學習到以正向態度肯定自己，鼓勵自己的能力，並從環境重要他人對她的肯定及信任，得到更多正面回饋。

活在不斷給予負向回饋環境中的女孩，則要常常花心力與環境中的攻擊及否定抗衡。她想推翻那些負向評價，心裡湧出許多生氣、委屈、不以為然，但同時，又恐懼自己真是如此，就是他人口中那個：「壞孩子」「笨孩子」「沒能力的孩子」。所以她半信半疑地走著人生路。在生活中，大多時候，她都一面要求自己，一面打擊自己；一面要自己不認輸，又一面看衰自己。

她與環境的關係，會有許多阻礙及衝突，和諧感難以達成。許多情況，她都害怕環境不安全，充斥著質疑、批評、否定，及可能性的傷害。她的自我狀態，會因此處在焦慮、不安中，而無法穩定生活、穩定學習，所以也較難累積成果，產出心得，獲得社會的正向評價及回饋。

從這個例子，你看見自己的「自我」，是健全穩定成長？還是支離破碎，有所不完整的呢？

你相信所處的世界友善、有希望感、能回應，並給予你正向回饋嗎？

還是，你所知覺的世界，總夾雜許多令你不安、恐懼、徬徨、焦慮、挫折的訊息，總讓你認為自己能力不足、不夠好、令人厭煩，總是被排除？

或是，你置身的世界，總將你視為一種工具，讓你覺知不到自己的存在，也感受不到自己是一個完整的生命，有著獨特性的自我？

「不可以有自己」的危險

華人社會，是人際取向社會，並不像西方國家，重視個體的獨立性及自主。我們從小就被告知「不可以有自己」，如果重視自己、在乎自己，就會被稱為自私。我們也常常聽到外在的訊息鼓吹我們不應太重視自我。重視自我，常被視為自我中心，不懂利他，或不合群，不關心周遭需求。

然而，這是混淆的觀念。自我，因為無法完整成長、自我功能不彰，才會停留在幼童時的「自我中心」狀態，以自己的角度為唯一立場，解釋及認定他所以為的非黑即白的世界。

一個人若能隨著生理年齡的成長，而發展自我的成熟度，他便能真正成為一個穩定成熟的自我，不僅能面對及解決現實問題（包括人際問題），也能合情合理處理自己內在的衝突及失衡。

對「成熟自我」及「自我中心」的混淆不清，使我們在發展成熟自我的歷程上，產生許多阻礙及困難，不知道該成為自己，還是該棄捨自己；該成就自己，還是該滿足他人。許多時候，我們好害怕自己跟多數人不同，這種差異，我們不是視為自己的獨特性，而是恐懼自己有問題，被群體排斥與否定，而亟欲掩藏、擺脫。

如果你觀察過，可以發現：越在乎、越重視他人與群體評價的人，其實越無法真實呈現自己，綁手綁腳，想發聲表達自己，卻覺得被掐住喉嚨般，啞口禁聲。這時候，人變得小心翼翼，敏感地察言觀色，盡力做個順應者，無法相信自己能做一個有力量的影響者，為這個世界帶來改變。甚至，自己獨特的才能及天賦，也必須被犧牲及捨棄，只為了求取一份生存的「安全」。

失去自我、沒有了自己，令許多人陷入痛苦的處境。當你感覺到沒有了自己，這意謂著有什麼勢力正由外界吞噬著你；同時也意謂著，有好長一段時間，你的內在無力保護自我，在無法意識到「自我」被侵蝕的情況下，**任憑各種形式的入侵，啃食你的完整性**；你失去了自由意識、失去了自我選擇權利、失去了主體感、失去了自己主體的感覺及思想，和行動的自由。

這也是我們的生命，感到越來越虛空、越來越耗竭的原因。除了給出自己，除了讓人任意使用自己、指揮自己、差遣自己，自己，究竟剩下什麼？又成為什麼？

人我界線，「自我」的保護防線

自己的存在，即使是獨特的，但做一個獨特的自己，卻是危險的。

生活中，總是一不小心出了一個差錯，就會遭受到群起圍攻的可怕事。

這世界什麼可怕的言語都有，那些聲音，總讓人感到無力招架。

特別是那些酸諷、那些不以為然、那些恐嚇及威脅的話語，存在於任何時候、任何角落。

他們的聲音是如此強勢、如此激烈與巨大，如果沒有順應、沒有符合及滿足那些聲音，就彷彿自己是不該存在的，是一個再糟糕不過的人。

他們也總是數落著，說著一些不堪的語言，貶抑及批評著。

而自己，無力招架，只想躲藏，或是麻痺。

甚至，有時候強迫自己要無感，只要無感，好像自己就抵擋得住那無情的攻擊及酸諷。

但偏偏不是那麼容易達成。

以為可以不在意、可以不理會的，卻總在夜深人靜一個人時，才驚覺自己的介意，好多情緒過不去，覺得自己好受傷、好孤單及無助。

即使自認從來不會主動去傷害別人，也從來不對別人抱有任何的惡意，但別人的敵意及惡言惡語，為什麼還是充滿在周遭，始終沒有休止的時刻？

難道希望別人友善，希望獲得他人的尊重，是天方夜譚？

而那些冷言冷語，充滿輕視、貶抑的話語充塞在心中，又能怎麼辦？

除了委屈、無奈、心傷，究竟還能怎麼做，才不會讓那些傷害繼續發生？

親愛的，我們從孩提時期起，生活中就充滿了各種「權威者」與「強勢者」，讓我們以為，必須仰賴他們保護做為後盾，才能獲得最大的安全。為了換取這一份安全感，我們不斷模糊自己的界線，希冀在能提供我們依靠及保護的人身旁，好讓我們渴望被保護及被照顧的心，得到保障。

然而，這也使我們置身在一種危險的情況，任由「權威者」與「強勢者」成為我們生命最大的指導者，也是最大「使用」者。甚至，任由他們侵犯。

久而久之，你的自我，因為諸多壓迫，及許多不得不隱忍的情緒壓抑，而開始感到混亂及衝突，讓你想要逃避這壓力，卻又恐懼著，自己若是離開權威者或強勢者，生命一旦跌進失能及無依無靠的慘敗處境，只怕會有更無止境的嘲笑及輕視。

當情況難以掌握，這種失控感，總把我們推到心靈懸崖，彷彿隨時會跌落，摔得粉身碎骨，而不由得驚慌失措、恐懼無助。

你知道嗎？當我們習慣性地依賴環境的提供，尋求環境的保護，我們就會先捨棄自我。我們不關心自己的意願，也沒有辦法安靜聆聽自己內在聲音。更多時候，我們急切地想回應環境的要求，好獲取安全生存的保障。**當我們將生存的「安全」視為最重要的需求時，弔詭的，這也將使我們置身於非常不安全的情境中。**因為，我們將自身存在所需求的安全感，交付在他人手中，冀求他人的保證及供應，而徹底忽略了，自己才是保護自我最基本，也最重要的一道防線。

你發現了嗎？常感覺到失望、挫折、沮喪、憂愁、混亂、受傷等等情感的人，如果回顧他的生活經驗，便不難發現，在生活情境中，他幾乎失去了保護自己的那道界線。特別是環境中那些他習以為常的負面評價及指責，更是毫無防禦地直衝內心，予以重擊，引發脆弱的受傷感受，如置身在無盡的輪迴中，反覆經歷。

界線，正是保護自我的防護罩。像是為我們的生命國度，建造了穩固，同時保持通道流通的護城牆。

如果，一個人對於「人我界線」一無所知，那幾乎是將自己及他人，都置放於一種危險的處境，不僅屢遭剝奪及侵犯，也輕易地剝奪及侵犯他人。自我的穩定度除了常受干擾侵襲外，要讓自我穩定成長，進而真實地成熟，就成了一大難題。

「人我界線」是什麼？

人我界線的存在，確保了「自我」有一個合適及獨立的空間，來進行個體需要的成長，完成個體獨特的存在，如蛹羽化成蝶，完成最終的成熟蛻變。

你可以想像嗎？萬物若沒有一個形體的邊界，全都黏成一團，分不出什麼是什麼，而具有攻擊及侵略性的物種，更不斷吞噬其它物種，讓它們被自己覆蓋，無邊無界地，不停擴張、不停吞噬，無法有分別，也無法形成秩序，那麼，這世界，會是什麼樣子？

這世界的創造，透過了邊界，定義了每個物種的存在，相依相存，卻不失自己的獨特及完整，這才是平衡的大千世界。

我們雖然是屬於這宇宙的一分子，與天地、萬物的運行同在，是這世界共容的一部分，但我們同時具有存在的權利，有屬於個體存在的位置，還有，屬於我們存在的價值。這世界的萬物，並非全長成一個樣子，即使是葉子，你也不可能看過一模一樣的兩片葉子。動物與人，也相同，即使是雙胞胎、多胞胎，依舊不會完全相同。

這樣的差異性，確保了我們每一個生物，都是獨一無二的。

人我界線如何被模糊或被破壞

但是，我們的成長經驗可不是這樣告訴我們。當我們是孩童時，我們無法清楚的知道自己是誰——是那個爸爸口中應該要功課好、會聽話的孩子？還是媽媽口中覺得該貼心、懂得討人開心、又有禮貌的孩子？

我們不知道自己是誰。即使我們從十八個月大時，便能從鏡子中，清楚地看見自己、知道自己的存在，也開始聽懂自己的名字，學會與自己有關的一切，像是寫自己的名字、知道自己幾歲、爸爸媽媽是誰……但我們還是無法得知自己是誰、究竟為何存在。

於是，我們模仿、我們學習；我們學爸爸的姿勢及他說話的樣子，學媽媽做事的樣子，及說話的口氣。我們以他們的方式，做出他們要看見的行為，希望他們點頭稱讚，拍拍手鼓勵我們：「真棒！真好！真乖！真聰明！」我們希望討他們喜愛，也希望在他們的允許下，得到他們的給予，及愛的保證。

因著愛的需求及渴望，於是，他們的價值觀、思維觀點、情緒感覺、生活方式、行為習慣，悄悄地，無聲地，輸入我們的內在系統，成為我們生命運作的一部分。在我們還不知道選擇為何物時，當我們還不知道自己真的想要什麼時，這一切的訊息已在環境中存在，影響著我們。

而後，你開始了解到什麼是「允許的」，什麼是「禁止的」。而這些「允許的」「禁止的」，不全然來自你的反應和需要，而是環境的限制，和環境的期待，更多的是規矩及規範。這些並非真理，雖然你曾經以為這些是唯一真理。

就像過去的年代，上課一定要穿制服，一定要剪成幾公分的頭髮，才是正確。為了方便而必須統一管理的情況下，重點不會是關注個人的感覺和需求，而是整體的形象和整體的秩序。若你少了反思、少了自我思辨能力，你會認為理所當然，本該如此。從來不會有一刻，你想著：「合理嗎？一定要這樣嗎？這樣做及規定的意義是什麼？如果沒有這樣服從或符合，那又代表什麼？」

而此時，你若失去了覺知自己，你會交出自己的意識，也交出了自己的選擇權利。

當你個體的界線鬆散，便會任憑外界的勢力影響你，把你捏塑成形，告訴你什麼才是對的、才是真理。你沒有順應指令做，就是錯誤、就是罪惡，或問題及異常。

每換一個團體，或換一個環境，甚至換一個互動的對象，你都必須努力適應，把自己當成變形蟲，隨著環境的色彩改變自己的顏色，以求融合、以求安全，沒有風險。但是，你內心累積了許多的疲憊及委屈，那是你不斷要融入環境及團體，不得不壓抑自我，盡力討好周圍聲音，消除自己聲音的疲累感。你恐懼自己被排除，害怕自己被指責批評為錯誤，更焦慮於那些攻擊的聲音會沒有停歇的一刻。

建立界線觀念，維護自我的空間

「界線」，給了我們一個自我維護的範圍。界線讓我們知道，外界和我的內在，是不同的範圍。若是，外界勢力想要影響我或干預我，除非我允許及同意，否則，我是不會讓它占據我，侵犯我，甚至指揮我、控制我。因此，我們需要先賦予自己權力，去選擇及決定：什麼我要接受、什麼我不接受；什麼是我的意願，什麼是我拒絕的。

但是，越是親密，或越是熟悉及在乎的人，我們會為對方開放較寬的界線，讓對方傳遞的訊息，可以進入我們的內在、影響我們。可想而知，當我們是孩童時，父母親是我們最重要也最親近的人，界線，幾乎不存在在我們之間。父母親的喜怒哀懼情緒，與我們的喜怒哀懼情緒，因此混淆成一團，難以釐清究竟是誰的情緒、誰的想法、誰的需要，在我們之間決定著彼此、控制著彼此。

你一定不陌生，在成長的過程，一定有很想要大叫大吼「為什麼都要聽你的」的時候。對於那些不斷輸入，甚至是入侵似的想法觀點，給了你大量看事情的方式及角度，還有那些總是說不盡的道理，教育著你：該記得這個、該注意那個、該要完成這個、該要給出那個。那些所謂的循循善誘，總是處心積慮地想要誘發你，自動自發地成為他們認可的模型。

你為了獲取每個生命都渴望的愛及認同，你給出了自己；自己的時間、自己的意願、自己的力氣、自己的能力、自己的心力與體力，無邊無際的。只要那些你在乎的人；你想從他們身上得到愛及認同的人，對你提出要求、請求、指令、期許，你便將其視為自己的責任及義務，奮不顧身。

能為所愛的人付出；能讓在乎的人開心，絕對是一件值得我們經驗的事。但是，絕不是以沒有邊界及底線的方式，不斷消耗自己，讓他人來占據自己。「好、好、好」

地給出，不僅終將讓你迷失自我，也將因為無盡地被索討、被要求，而產生了失衡的耗竭。你會活得十分痛苦，挫折及沮喪，也將如影隨形跟著你。

社群中，人和人的關係，因為有階層、角色、權力關係，及利害得失後果，我們免不了會受困於某些社會規範和道德倫理框架，被制約地以為，必須全然臣服於權威者、必須維持某種角色形象、必須要顧及安危後果，而不自覺地，或難以擺脫地，給予自己綑綁及束縛。

這是我們常經驗混亂及混淆的原因。我們被舊有的框架制約著我們的反應，不允許自己先傾聽自己的聲音，也不知道如何尊重自己、愛護自己。即使外在的聲音及要求，已經猶如風暴席捲自己的內在，摧毀自己的自尊、自我價值，我們仍無法自覺，這樣的傷害，正在發生。

即使這一切傷害不停發生，當我們沒有知覺到人我界線的重要，我們就沒有機會，為自己建立健康完整的界線，來保護自己，也確保他人不被我侵犯。

所以，「覺知」非常重要。不僅讓我們意識到，我們必須負起保護自己的責任，學習維持人我界線的方法，同時，我們也不再輕易任人傾倒不屬於我們的情緒感受、想法意念、價值觀，及無理行為。就像我們走在路上，突然有人要將他手上的物品、包裹丟給你拿，你一定不會拿，因為，你知道，那樣物品或包裹不屬於你。不是你的東西，我們都不該帶走。如果不小心交到你手上，你也必然該還給他。

開啟自我覺察的頻道

生活中有許多事情，發生時我們根本來不及思考，就反應了。特別是很多時候，情況都好類似，說不出來究竟是怎麼回事，一連串的事情發生過後，常出現的，是相同的結果。

「又來了」是常有的感覺，同樣的情況，怎麼又發生一次？

就像是，每次覺得好在乎某人，也努力付出，好希望讓他知道，我重視他、在乎他，把他的事當作我自己的事一樣。

即使延遲了自己的事情，也一定以他的事為優先。

然而，這樣的人，就算出現在人生的不同階段，他們都同樣會抗議或反彈說：

「可不可以不要控制我？」

「可不可以給我一點空間，選擇我自己要的方式？」

「你只要把你自己的事做好，管好你自己就好。」

然後，他們會漸漸離我遠去，留下傷心痛苦，覺得被遺棄的我。

我真的不知道我到底哪裡錯了？

為什麼這麼用心付出，這麼努力關心別人，最後總是那個被隨意拋棄、被刻意保持距離的人？

有時候，真的好怨，覺得有種被辜負的感覺，被人利用，用過就丟。這種糟糕感覺，總是不斷湧現。難道他們真的沒有看見我，如何為他們付出嗎？

難道他們把這一切當作理所當然嗎？

難道他們不需要我時，我就只能被任意的推開嗎？

親愛的，我們當然都好渴望被重視、被珍惜的感覺。

所以，我們都好努力且認真地在製造自己的價值；特別是對他人而言的價值。我們希望在他人眼中看見自己的價值，會讓我們覺得自己是有用的，自己是有分量的，自己是重要的。

然而，當我們搜尋他人的眼神，怎麼也看不見那應該要在乎及關注我們的眼光時，我們失落，我們沮喪，我們挫折，覺得自己很不重要。

好像有我存在、沒有我存在，都沒有差別及意義。

這種失落及沮喪挫折感最早的來源，是我們的童年。那是你在小孩子時，不斷告誡自己該努力自我要求，達成及滿足別人的需要及期待。

你可能看過一個常常被媽媽數落，讓媽媽很失望的爸爸，你對自己有這樣的爸爸，也感到羞愧、失望、抬不起頭。同時，害怕自己像爸爸一樣，沒用、失敗，讓媽媽失望。於是，你對自己要求，要奮鬥、努力、不斷進步；也將滿足媽媽，讓媽媽高興快樂，視為自己生活中最重要的任務。你以為，只要你如此付出、努力，並且滿足了媽媽，媽媽便能肯定你的價值，認可你的存在。

一旦有任何你做不到的，你焦慮、心急，對自己貶抑、責備、羞辱，完全不允許自己真的有不足、不夠好的時候。即使成年後，你對自己進行過的要求及逼迫仍繼續上演，只是，現在已經不需要爸爸及媽媽在你的生活現場了。

你腦海裡，自動放映的聲音及影像，都在告訴你：只要一放鬆、一懶惰，你就會成為人人唾棄的人，成為人人瞧不起、在背後嘲笑的人。只要你不夠讓別人肯定及讚賞，只要別人沒有在乎及重視你，你就是那一個不被喜愛的、被拒絕的人。

如果，這是你的感受及生活體會，那麼我們需要好奇，這一切究竟是怎麼發生的？

而這樣的發生，是否是要驗證自己的什麼信念？是不是因此更根深柢固地認定些什麼？

在生活中，我們都需要發問：自己究竟在過一個什麼樣的日子？我們試著讓自己停頓下來，問問自己，何以自己會是這樣過日子、這樣看事情、這樣反應情緒。如果我們少了這個停留在自己身上的時間，我們就沒有一個機會回到自己身上，關注自己、了解自己，檢視自己。如此，讓事情一而再、再而三的循環，進入膠著及僵局。

好好的觀察自己，感受自己，我們才能好好的看見自己處在什麼樣的人生處境，又在創造什麼樣的生命局面。透過檢視，我們誠實地面對自己，也看看自己的人生是否是自己真心想要的。還是，總在無意識中，上演相同的受傷情節，複製相同的苦痛結果。

對於那些長期的不得不，或是難以掙脫的困境，除了環境的難以改變外，有多少因素，其實是，自己對於一些事情既定的解讀看法，還有所累積的未疏通情緒，所形成的固定反應行為？

透過自我覺察，我們將能一層一層了解自己的內在，深奧的心靈。

覺察，即是意識「我」的存在。「我」正在想什麼？「我」正在發生什麼感受？

「我」想要些什麼？「我」渴望什麼？「我」的各種情緒，又是源自於什麼？在這個當下，「我」發生了情緒變化，是此時此刻所刺激引發或勾動的？還是，其實是過去相似於現在處境的未解決情緒，借題發揮？

每一天的日子，我們透過自我覺察，與自己連結，也對自己坦承。透過對自己的看見及聽見，我們學習尊重，理解自己，然後回應「我」的內在聲音。當我們學會珍愛自己，願意與自己同在，我們便能慢慢經驗內在的平衡及安穩。

「自我覺察」即是意識自己正發生的事

一個人想了解自己，以及想改變自己時，最大的關鍵，在於有所「自覺」。若是對自己沒有覺察力，他便無法對自己的存在進行探索。沒了自我探索，對自己的認識及了解，就會難以深入。

自我覺察，是一個人能夠知曉、意識到自己正在發生的事，包括：自己所發生的反應、所進行的活動、所選擇的意圖、所做的決定。

每一刻，個體皆在運作，也就是他的情緒、想法及行動，環環相扣地交互進行，影響著個體如何呈現自己、反應自己。所以，自我覺察，就是能夠充分知曉：自己的感受是什麼？引發了什麼情緒？產生了什麼意念？做出了什麼行為？

而這些情緒的、想法的、行為的反應，不僅來自個體生理因素（大腦傳導物質、賀爾蒙、器官反應）的影響，還有過去許多相關經驗的連結及觸動。例如：見到了權威人士，有些人無意識地開始不安、焦慮、緊張，身體上也不禁緊繃僵硬，想法上出現了「好有壓力」的念頭，而在行為上有了想迴避或退縮的舉動。

如果少了自我覺察，這種情況可以反覆出現、發生，個體將承受非常不舒服的壓力，卻無能為力。並且感覺到莫名其妙，不明白為何總是出現這些自動化的反應，卻也難以做出其它不同的反應。

自動化反應，帶來重複的結果

以對「權威人士」的反應為例，如果我們能進行自我覺察，便可以探索「權威人士」引發自己哪些情緒感受、哪些想法念頭，又如何激發自己想做的行為。而更深一點的自我探索，則可以覺察這些反應，可能來自於過去早年生命的哪些經驗。成長過程，生活的環境中曾經存在哪些權威人士？而這些具有權威特質的人，帶給我什麼樣的感受、情緒，使我產生什麼想法，並且形成我什麼樣的行為反應？

從認知發展之初，我們就在生活的經驗中累積許多心得，這些心得往往在後來成為我們的信念或價值觀，也成為我們判斷情勢的依據。我們會認定這些判斷是真實的，即使這些判斷通常鮮少經歷澄清、核對、檢視過程，我們也不會懷疑它的真實性，並且將之歸於「這是我的直覺，我就是知道情況是這樣」。

當我們慣用自我的角度（唯一角度）來解讀判斷外在的訊息及情況時，在反覆經驗累積下，便形成自動化反應，以此回應外來的刺激及訊息。

自動化反應，也包含了一種自我暗示。暗示自己將會遭遇什麼、發生什麼、面臨什麼，然後在反覆出現的情境中，一次又一次應驗自己的「直覺」或「隱約中的感覺」。然後，不得不地再經歷一次相似的遭遇，或得到相似的結果。

如果我們有了自我覺察，便能早一步觀看到自己內在的運作，包括自己的情緒感受、想法念頭，和行為舉動。同時可以提高敏銳度，加速連結回自己的過去經驗，知曉哪些經驗正在影響自己的判斷和解讀。也能對自己多一份體察，不再只是任憑情境牽動我們、困擾我們，而是有了一個頻道，與自己連線、和自己對話溝通，不論是早一步化解困境，或避免陷入相同局面，更可能因此阻止了某種不必要的傷害。

自我覺察，無疑是你創造內在新自我的起步。不再任自己如陀螺般旋轉，不再隨著情勢起舞，而身不由己。不再因為無意識的反應，而總是犧牲及委屈自己。更不讓生活的混沌及僵化，使自己的生命動彈不得，無法真實感受「活」的動力、「活」的熱情。

創造你的新自我，就從自我覺察，開始。有自我覺察能力的人，也才能開始懂得什麼是「關照自己」。因為「關照自己」的起步，就是懂得覺察自己的狀態及需要。

如果連自己都知覺不到，連自己的行為，都無法意識自己的起心動念，那如何能有自覺地創造自己想要的生活？又哪能激發起勇氣，為自己要實現的自我，好好付出改變的行動呢？

成長，蛻變，成熟，從自覺開始。

創造新自我的第一天・總複習

好好認識你的自我，並允許你自己擁有完整及健康的自我。

給予自己主體存在的肯定，你的存在，正因為你，是你。

此生你最需要完成的是，成為你自己。

這是別人無法代勞，也不該剝奪的。

維護人我界線，是懂得尊重自己，也尊重他人。承認我們確實獨特而有所不同。

我們不再需要不合理的求同，求同本質是害怕主流價值的權威，迫使我們被驅逐及被孤立。我們害怕獨立，就會害怕被拒絕的感覺。

然而，當你懂得尊重自己的存在，也樂意是自己時，這世界會開始真正認識你，而接納你、擁抱你的人會陸續到來。

自我覺察能讓我們不再遠離自己，保持與自己的連結。

如此，能讓我們持續的認識自己、觀察自己、懂自己，而不是反覆背棄自己，使自己陷入無以避免的拉扯纏繞中。

自我覺察也是我們可以持續成長的來源。
因為覺察本身，就是一種發現，發現讓我們可以帶著意識，重新為自己做出選擇。這是建立自我的勇氣，也是成為自己的開始。

請在第一天，寫封給自己的信，真實地與自己對話，聆聽自己的聲音：

關於你認識的自己（諸多面貌特質）、你如何看見自己與他人的不同、你的人我關係界線需求建立得如何？

關於一些情況，如果不再漠視及忽略，你真實的感受、真實想法、真實想做的行動是什麼？

誠實地面對自己，並誠摯地回應自己。

親愛的＿＿＿＿＿＿

新自我誕生曼陀羅

第一天——「曜」

你的誕生是獨特的，
在你還未全然認識自己之前，
「你」已存在。
在你的一生，你用每一天，讓生命光芒照亮這世界。
你的明亮，來自於你看見生命所蘊藏的內涵，
如鑽石般璀璨，如太陽光耀眼。
那是由內而外，所散發出的生命力量。
因著這份生命力，你意識到自己的存在，
不容漠視、不容抹滅，
你確實存在，並且啟動了認識「你是誰」的歷程。

創造你的新自我

第二天

人格特質・安全感需求・生存模式

神說，諸水之間要有空氣，將水分為上下。
神就造出空氣，將空氣以下的水，空氣以上的水分開了。
事就這樣成了。
神稱空氣為天。有晚上，有早晨，是第二日。
《聖經》〈創世紀〉1:6-8

關於「我」的展現：人格特質

為什麼體內會像住著大大小小、各種形象的怪獸，到處亂竄？
有時候，這些怪獸們互咬著，互相攻擊及殘殺。
有時候，怪獸們好像沉寂下來，讓我有一時半刻的寧靜。但我始終害怕藏在體內的怪獸，會突然失控出來嚇人。
所以，我總是小心翼翼，牢牢看緊。
我怕當有人瞧見，原來我體內住著各種不同的怪獸時，會覺得我可怕或怪異。更怕人群因此排斥我、攻擊我、羞辱我。
我不知道，該怎麼喜歡這樣的自己？
有時候，我覺得自己其實就是一隻怪獸，無法與人溝通，無法和人相處，好像我本來就不該存在於他們中間。
我常常懷疑，當人們真的認識了我，會驚訝地看見我想要隱藏的面貌。他們會不會批評我，說我很假，說我自以為是，說我其實很差勁、很糟糕？
我好怕被人發現，有一個自卑又自大的我住在我體內，被人看見我的脆弱及自傲。這些都是不該存在的，人們總是批評自卑的人，批評自大驕傲的人，也批評沒有主見的人。

我不知道該怎麼展現自己才對。

我好困惑，到底要怎麼呈現，才不會被人批評，才不會有人有意見？

我覺得好混亂，孤單，疑惑。

究竟，我是怎麼樣的一個人？

親愛的，我深知那種覺得自己內在有好多不同力量衝撞的混亂感。那真的好疲憊，好無力，只能任由那些衝撞在自己內在，撞痛自己、撕裂自己。

從我們懂事開始，我們試著認識自己，知道自己到底是誰、是什麼樣的一個人。我們因此從環境中收到很多反應、回饋，告訴我們哪裡好、哪裡不好，又該怎麼呈現自己才對、才正確。

於是，不符合外在評價的面貌，我們總是會隱藏、克制，把它拋在身後，彷彿與自己無關。但一旦出現某些失控的情況，或是突然而來的意外，我們以為應該克制、隱藏的不好面貌，卻會猛然出現，以一股無法控制的力量占據我們的心智，造成我們與環境的混亂及失序，連自己都覺得驚慌，手足無措。

受家庭環境及家庭互動的影響，我們都可能對於自己的某些面貌與特質未有正向經驗。因為過去被貶抑、嘲笑，讓我們心中對於自己的身分和樣貌產生了不認同，也以為，唯有更多符合他人要求或評價的表現，才能避免他人再重傷我們的自尊。

我們日漸認同，以別人的觀點來呈現自己的樣貌，才是最安全的方式，同時，排除了對自己某些面貌的接受。於是不知不覺中，強化了自己某些剛強特質或符合評價的面貌，也拒絕經驗脆弱的、真實的自己。

特質，是決定個體行為的基本特性，也是人格組成的基礎元素。我們都不是單一特質的存在，我們的人格裡，都有許多特質並存。在這些特質中，有主要特質，也有次要特質。主要特質，是我們最凸顯也最常出現的特質，也就是我們最被接觸及運作的特質。而次要特質，平常並不出現，是有特殊事件及情況中才會表現出來。

認識一個人的特質

我們的特質，最不可迴避的來源，就是父母遺傳給我們的基因（生物因素）。不論是內向的、外向的、冷靜的、衝動的，甚至憂鬱性、易怒性，或冷漠、熱情……種種特質，都有非常多的成分取決於基因。

然而，雖然來自於同一對父母，在父母親精子卵子結合的那一刻，所形成的基因組合並不相同，也就造就了手足之間性格特質迥異的情況。

我們不能決定父母遺傳什麼基因給我們。我們無法選擇，也無從決定。那麼，基因決定了個體一切人格特質的說法，讓我們只好愛莫能助，無從改變。這樣說來，似乎很無奈、悲觀。因為天生氣質、先天性格，早已經「決定好了」我們將成為什麼樣的人。

如果以此論定人的可能性，就可惜了。因為人的特殊所在，在於能夠「學習」，而學習是為了提升自己。在人格養成這件事上，雖然先天基因與童年環境是塑造的關鍵，但提升自己的能力，對特質有更好的的整合及發揮，則是個體可以努力的。

整合人格特質，發揮特質的有益力量

讓我們來看美國總統歐巴馬的例子。據《華盛頓郵報》報導，青年時期，歐巴馬因為自己的多種族背景很難取得社會認同而自卑。十幾歲的他成了一個癮君子，和任何一個絕望的黑人青年一樣，不知道生命的意義何在。家境是貧窮的，膚色是遭人嘲笑的，前途是無望的，成功的道路曲折得連路都找不著。

他過了一段荒唐的日子，做了很多消耗生命的事，比如逃學、吸毒、泡妞等，成了一個不折不扣的「迷途叛逆少年」，曾以吸食大麻和古柯鹼來「將『我是誰』的問題擠出腦袋」。

我們可以推論歐巴馬的生世背景及成長經歷，讓他有非常多理由，成為不折不扣的社會邊緣人；更可以因此埋怨這世界對他的殘酷及壓迫，讓自己沉溺在自怨自憐的處境。他的人格可以由於這些因素，養成反社會性人格，或邊緣性人格，或衝動性人格。他的主要人格可以是一個易怒、敏感、暴力、憂鬱、偏執等等特質的混合。

但是，我們看到他在一連串的自我追尋、賦予自己生命一個無條件的價值肯定後，透過後天的學習及造就，展現出一個自律、溫暖，富有正義與憐憫、幽默風趣的人。在安頓自我後，走向他為大眾謀福的道路。

基因和環境都可能是一種既定的限制，難以逃脫及否認。但是，一個人如果自覺到自己的存在，是透過自己的摸索和建立，並有權利及培養能力「活出自己想成為的樣子」，就不會只是無能為力地將自己所形成的樣子，歸因於環境及他人的逼迫和塑造。

每個人的人格特質，都不是只有主流價值認定的「好」或「不好」。單一面向的存在，不是事實。只能說，越展現讓外人得知的特質，通常越會是容易在生存環境中被認同或接受的形象。瑞士心理學家榮格認為，「人格面具」使人能夠演繹各種性格，通常是符合社會期待的一面，給予他人一個好印象，以便得到社會的認同。「人格面具」有隱藏真實自我的作用。

人格特質幫助我們因應情境

雖然榮格以「人格面具說」來描繪性情特質，然而，「人格面具」並非否定詞。「人格面具」，對於人在社會上的生存來說是必要的，它使我們能夠與各式各樣的人交際往來，即使對方令人厭惡，或是令人想迴避。

在不同的環境下，人們透過戴上不同的「人格面具」，與關係中的對象相處及互動。例如，與父母相處的時候戴的是一副面具（順從或忤逆），與同事相處的時候戴的是另一副面具（隨和或冷漠），與親密伴侶相處時又是戴上不同的面具（嬌柔或堅毅），不同面貌的選擇，都是個體最熟悉，或感到最舒適、安全的展現。

越是能接納自己不同特質的人，人格面具也就越豐富，若能善於運用，則能在不同情境與環境中，為個體增加許多因應的策略。

而人的生活問題，其實並非來自人有「人格面具」，而是在面具的穿戴上過於執著，非要如何不可，如果沒有這樣或那樣展現自己的形象，則會感到不安，或是覺得自己不夠好而自覺羞愧。

例如：一直想扮演菁英分子的人，不論在哪種關係中，都不允許自己卸下菁英的面具（特質），以菁英自居，指正他人，或自顧自地表現自己的優越。可想而知，在他的不同關係裡，恐怕會有一些對象難以調適，也會覺得無法與他相處及靠近。

人格面具過於僵化、執著，則會使得人際關係的建立及發展受到許多限制。

人格陰影，暗藏在我們內心

人對於自己人格特質如果有過於僵化和絕對負面的評價，以及被扭曲的經驗，則可能會使自己對身上具有的某些特質，予以排斥、否認，並且壓抑。

這個壓抑或被否認、不可公開的特質，稱之為「人格陰影」。

人格陰影深藏在我們內心最底層，如果我們予以正視、對話、理解，則會發現當中都有著某些心靈創傷的經驗。反之，如果我們迴避承認、面對，則這些陰影通常會被投射在另一個人身上，吸引我們，或引發我們的厭惡或攻擊。這也使我們經歷人我關係之間的混亂及混淆。

當我們不知道，我們所攻擊及指責的對象，其實有許多成分，是來自於對自己部分性格的壓抑和否定時，我們就會時常被挑起不舒服與厭惡的感受，卻不明白這究竟從何而來。

當我們看見一個人用非常極端的字眼，批評及攻擊另一個人的為人時，他所批評及攻擊的，往往就是他拒絕及否認自己身上有的部分。

當他看見別人將自己厭惡和壓抑的面貌表現出來，而不需掩飾或隱藏時，便會興起去攻打、甚至消滅他的動力。這種動力通常含有嫉妒、厭惡、恨意等具有敵意的情緒。

這時，我們可說此人在他厭惡的人身上，看見自己的陰影（黑暗）人格。如果不加以覺察，就會陷入不理性攻擊及批評的黑色情緒風暴中。

探索你的「主要人格」「次要人格」及「陰影人格」

主要人格特質的發展，往往由環境的激發，或無數生活經驗累積而成。它是為了因應環境的需求，或是最適於安全存活下來的方式。

當人因為遭遇及環境的制約，為了避免再經驗某些不舒服或不喜歡的感受，就會壓抑易引發這些感受的特質表現。當某些經驗重複發生，這些經驗中所引發的情緒感受、想法念頭，及行為反應，就會漸漸根深柢固，成為一種反應模式，而反應模式也會成為我們人格特質發展的一部分來源。

如果要探索自己的主要人格特質，與次要人格特質，還有人格陰影，你可以做三件事情。

首先，**以一張白紙，將自己所知道的，自己身上具有的特質寫出來。**不論它的出現頻率多或少，也不論你喜歡或不喜歡，只要你「知道」存在的，將它全部寫下來，並且寫到極盡。

例如：開朗的、樂觀的、好奇的、勇敢的、正義的、懶散的、衝動的、認真的、幽默的、膽怯的、善妒的、慷慨的、計較的、自以為是的、固執的、討好的、隨和的、搞笑的、大喇喇的、自卑的、自信的、冷漠的、善良的、不耐煩的、單純的、謹慎的、軟弱的、自私的……（盡可能寫下來）。

接著，挑戰自己的勇氣，**邀請三至五位親近且熟識的親人或朋友，回饋給你，他們所認識的你是怎樣的一個你？有哪些性格、哪些特質？他們會如何形容你？**

請他們每人至少回饋五個在你身上看見或了解的特質。並將這些收到的回饋集合起來。如果其中某幾個特質出現率很高，這份特質就可能是你的「公開我」，也是你因應社會要求或生存需求，所發展出的主要特質。

同時，看看他們所回饋的特質群，哪些是你寫自己的特質時，沒有寫下來的。想想看這個原因。是因為你不認同？你不接納？還是，你沒有知覺意識到自己身上有？還是記錄時，你沒有想到？

如果在他人的回饋中，有些特質是你沒有覺察，但他人提到的，這一份特質的回饋，或許讓你可以意識到一個你還未認識到的自己，或是開啟這部分的探索。

接下來，進行第三件事。**在他們所回饋的特質群，或是你自己記錄下來的特質群中，有沒有你很不想承認自己身上有的？有沒有某種特質，是你希望可以擺脫或解決的？**這種受排斥及拒絕的特質，你了解自己為什麼不喜歡或排斥嗎？有沒有想起什麼回憶是跟這些特質有關的？這些被排斥及拒絕的特質，是不是會讓你想起誰在過往成長經驗中，曾經想斥責及羞辱這樣的特質？又或者在你生活周圍，誰有這樣的特質，讓你受苦或讓你遭殃？

如果，你在第一件事和第二件事上，並未強烈感受到自己排斥及拒絕的感覺，有可能你的陰影人格並未被覺察意識到。那麼，你還可以從這個角度進入，覺察你的陰影人格。現在，從你日常生活經驗中回想，有沒有誰是你非常厭惡，甚至對於他的行為及呈現的特質，非常不以為然、覺得很難接受？

這是一個發現自己身上陰影最好的方法。也就是，每個人不斷努力追求向光面的呈現（例如：積極樂觀、開朗、隨和、善解人意、聰明、機靈、勤奮、認真、負責……等等，符合社會主流價值認可及稱讚的表現），其實背後都隱藏著自己亟欲迴避、想切割、想擺脫、想拒絕的特質面貌。

因為社會環境不允許存在，也批評、排斥，所以為了證明自己不會遭受排斥、驅離、唾棄、嘲笑、貶抑，而努力不懈地追求社會稱讚及認可的面貌。甚至，追求強烈的優越感，好擺脫自己隱藏在身後的「自卑陰影」。或是追求神聖超脫的面貌，來擺脫自己的「平庸陰影」。

為什麼我們需要知道自己的陰影人格呢？因為陰影人格，並不會真正消失，反而是暗地裡侵擾我們。

這也是為什麼常有人在夜深人靜、獨處一人時，會感覺到自己討厭的某個面貌或性格忽然湧現，侵擾及吞噬著自己的自尊及價值。

甚至，這些面貌及性格的出現，會讓你好洩氣，覺得自己還是好失敗，好有瑕疵，不解為什麼自己所討厭的這些部分，並未因為那些向光面的存在，而徹底解決、徹底擺脫。

壓抑與擺脫，無法真正處理陰影人格

壓抑與擺脫，無法真正處理陰影人格。只是持續造成自我對立及衝突。

就像是在自己內在有天使及惡魔的分別，兩方勢力不斷相互攻擊、相互防禦，卻不是一起合作，一同為個體所用，喪失實質功能性，無法讓個體往有益處的面向成長。反而拖延個體的發展，或是消耗個體內在能量，使內在殘破缺損，而沒有力量再去因應外在情境要求，及諸多變動。

在人格特質方面，我最想讓你了解的觀點是，**所有特質都有它的功能，也有它的限制，甚至有它需要付出的代價**。

沒有哪一個人格特質是完美，也沒有哪個人格特質是絕對的好，或絕對的壞。對於人格特質，我們需要重新學習，重新認識，重新了解人格特質的存在及發展，還有功能，及如何整合、協調。

「自我」的功能，正是各個人格特質能否整合及協調的關鍵。人若具有功能性的「自我」，就能了解及蒐集環境訊息，來進行評估及調配，哪一種人格特質，最適合當下來展現，或是最適合當下的需要。

例如：在旅遊時，適合的人格特質可能是緩慢、慵懶、歡樂、沉靜，或是好奇、隨興、孩子氣、勇敢……等等。只要能夠因應旅遊當下的需要，並且達成自己安排旅遊的目的及需要，那麼人格特質面貌的選擇，就沒有好或壞的絕對評價。

而當人格特質的選擇及展現，形成一種僵化、固定的模式，以為一旦卸下某個固定的人格特質，就會產生不安全感，或是強烈焦慮，那麼這樣的人格特質，雖然可能保護自己免於焦慮，卻阻隔了真實地經驗、感受當下真實情境，並且，因此妨礙了個體與他人建立真實的相處及互動關係。

當你重新認識自己，就需要學習以中立態度看待自己的種種人格特質，不再以過去被教導及灌輸的強烈優劣好壞做評價。那種「自動化」選擇過去被評價的方式，未經思考及重新了解，無疑是與自己，形成敵對、不理解、厭惡，及分裂的關係。

然而，在接納自我的各種人格特質，進而整合之前，我們都會遇到另一個大議題，那就是安全感的議題。

內心的安全感，是一個人存在能否穩穩當當最重要的根本。如果，你總是感覺及認為，「揭露自己，或是呈現自己，必然容易引發別人的注目，並且遭受別人的敵意對待」，你必然每天惶惶不安。內心波濤洶湧的恐懼，彷彿隨時都會將你滅頂。

一個人若內在無法存在「安全」，他又如何能信任他所處在的環境、世界？如此，精神上的不安、焦慮，也將影響他專注在自己人生成就的累積上，反而是將許多力氣放在防禦被攻擊、被傷害。甚至，為了提防許多他認為的惡意，而處在草木皆兵的情境中。

生存最底層需求：安全感

有時候，真的覺得好矛盾。

跟人在一起時，覺得好累，也好怕那種必須要承受及因應，和他人有衝突及不愉快的時候。

但是，自己一個人時，有一種恐慌，好像一旦與人疏離，我就會被遺忘。「自己就算消失在這世上，好像也沒差」，這種感覺讓我好怕只有自己一個人的時候，沒有一點兒存在感，只有強烈的孤獨感。

我並不是需要所有人的關注，若把我丟在人群中，我也會感到窒息。陌生人，讓我覺得好恐懼，好想躲開。即使，是一個看起來沒有任何危險訊號的人，我都會不自覺地想迴避。

我不知道他怎麼看我、怎麼想我這個人？只要面對我從未建立過關係的人，我就會心跳加快，覺得很不自在。

但是，如果我把一個人視為很重要的人，或是覺得這個人好了解我，我就會想無時無刻有他在身旁，那會讓我覺得有依靠，有保護。好像不論我發生什麼事，他都會給我指引，給我幫助，給我支持。

所以，只要我感到心慌，感到內心不舒服，感到沮喪或無助，我就好想趕快找到這個人，要這個人聽我說，幫我排解我那亂如麻、理不清的頭緒和情緒。

我真的好矛盾，也拿自己沒有辦法。我就是無法相信我有能力面對及處理所發生的事物。

跟人有關的事，我總是學不會處理的方法。也常會被說不要再依賴其他人給我安全感，要自己給自己安全感。

但是，安全感是什麼？

為什麼不想和人群接觸及相處，就是沒有安全感？為什麼要一個人一直可以讓我依靠，可以給我回應及保護，也是沒有安全感？

我覺得好苦惱，好混亂，究竟要怎麼做才對？

為什麼好多外在的聲音，都讓我覺得困惑及茫然？

親愛的，我知道我們與人有關的相處經驗，往往充滿著矛盾。有時，許多經驗到的害怕、不確定、緊張，讓自己好想逃避人群。只要有「人」存在的環境，總是激起內心的不安。

而與群體格格不入，難以互動的經驗，更加深我們覺得，自己不擅於和人互動，無法和他人建立信任平穩的關係。屢次的挫折及無助經驗，讓我們徹底想放棄和人建立親近的可能性。我們以為，只要沒有「人」的干擾、給我們各種難題，或許就不會經驗到任何的風波及危險。

如果，我們回看過去自己與人相處的經驗，我相信，我們都有數不清的受傷及受挫，更有許多我們感覺好危險的處境。

在那些危險中，你獨自經歷害怕恐懼和無助驚嚇，以至於在你記憶深處，留下了「人好可怕」及「我好無助」的反應。所以，我們既恐懼人的傷害，又需要人的保護。

而這樣的反應，因為太深刻，成為我們根深柢固的感受及思維，無法隨著我們長大，而被重新覺知，重新標定。

我們也可能在成長過程中，一直累積許多重複性的經驗，更加證明「人好可怕」及「我好無助」，使我們無法發揮自己內在力量，來學習新的與人互動的方法，回應所遇到的人際問題。

每個人都需要生存。這地球之所以可以供我們生存，是來自水、空氣、食物。這些都是生物所需要的存活條件。但是活在「家庭與社會」的我們，存活的條件，就不只是這樣。

我們要能好好地生活及成長，最重要的基本需求是：安全感。因為活在「人」群中，所有的煩惱及問題，幾乎都是因人而起，如果我們無法在內在建立穩固的安全感，我們就沒有信心可以應付從人而來的挑戰，或諸多要求。

但是，每一個人安全感的建立，都有一番歷程。從生命最早期的經驗開始，我們無時無刻都在體驗著所處的生活世界，究竟是安全，還是危險？究竟是我可以控制的，還是我無法控制的？

如果太幼小時，即遭受過所處環境的傷害，或是遭遇到從人而來的不好對待經驗，無疑的，孩子的生活經驗會告訴他：「這個世界是危險及不友善的。」一旦感受到這個世界是危險、不友善的，同時無法經驗到被保護，那麼，在孩子小小的心靈深處，便埋下了「恐懼」的種子，也讓內在安全感的建立遭受破壞。

恐懼，會讓個體處在必須提高警覺的焦慮中，像是驚弓之鳥，處處提防，處處敏感到危險的存在。

為了提防危險所可能帶來的傷害，小心翼翼與人保持距離，便是必要的反應。如果真的偵測到危險，個體便可能毫不考慮向前衝，直接對抗，去消滅他所知覺到的危險。或是，相反的方向，他必須趕緊逃離，迴避他所知覺到的危險。

處在高度恐懼、焦慮中的孩子，他內心的安全堡壘（人存活所需要的安穩、信任的人我關係），必定也遭受了破壞及損傷。存活，成為辛苦的經驗，對他而言，隨時隨處，外界都有可能攻擊他、傷害他、排擠他、侵犯他。而他，必須隨時保持緊戒，隨時備戰，隨時能夠攻擊。

而因為遭受傷害的年紀過小，我們的情緒記憶，會存留大量幼年的無助情緒，難以真正跳脫——即使已成長到應該能好好處理事物的年紀。無論生理年齡如何增長，只要感受到危險、威脅、不友善，大腦就會瞬間提取出過去遭受危險的無助情緒，而感到恐懼及焦慮。

強烈的不安，總是會讓我們亂了分寸，也亂了手腳，以至於情勢更難好好地面對與處理。

恐懼，「安全感」的殺手

如果，我們沒有意識到「恐懼」啟動了，我們掉入「無助」的記憶陷阱，我們就會自動化——自然而然地反應對抗攻擊，或是逃跑迴避。

這是為什麼創造新自我的過程中，我們必須檢視曾經被建立的「安全感」，究竟是帶給我們探索世界的信心、勇氣，還是累積了太多對生存世界的恐懼及無助。

「恐懼」是我們生存避免不了的原始情緒。我們的生命誕生，恐懼的情緒也隨之誕生。原本的功能及用意，是為了有利於我們生存。恐懼的情緒能偵測危險，提醒我們防禦或逃命。但生命過早激發出的大量「恐懼」，儲存在我們的情緒記憶，無法被處理，只能被壓抑或堆積；甚至，因為不斷被環境激發恐懼，而使恐懼情緒一波未平，一波又起，始終無法緩和，無法平復。這對我們的身心都有巨大的傷害性，大量的恐懼激發，將使我們身心一直處於創傷中，無法經歷到安全及平穩。

你一定看過被環境及人嚇壞的動物，特別是狗或貓，被情境嚇壞的動物，對人不但提高警覺，牠們的生命狀態也處於過度緊繃、焦慮恐懼的反應中，對於牠們的生存造成許多危害，也可能引發出許多病症，使牠們提早尚失生命。

對人而言，也是如此。適量恐懼，可以保存性命、遠離危險。但恐懼過量過度，則會使我們失去性命。至少，會因著氾濫成災的恐懼，讓我們無法清晰地辨識情勢，使我們錯過在現實處境中，妥善處理及回應的時機。

特別是，當恐懼大量出現，人所想像的災情就會無限增生，各種非現實的情節都會上演。而恐懼，使我們失去核對的能力，也失去了現實感，讓我們難以澄清真實和想像的差別。

所以，恐懼像是藍色海嘯，淹沒我們，使我們盡失了自救的能力。連呼救，都無法。

當人的安全感都崩壞，當人的安全感無法建立，他該怎麼與人交談、與人互動？又該如何的自處及自保呢？對他而言，他需要一個強大者，為他解除所有的緊張情況。恐懼，不僅讓他感到自己的渺小及弱小，也使他感受到自己只能任憑外來威脅傷害。

重建安全感，以愛支持自己

我們要能穩健地長成自己、活出自己，能夠信任這個世界，是非常重要的。如果我們很難信任這個世界，那麼我們活著，就只是無盡的防禦及逃離，又如何貢獻自己呢？如何讓自己在這個世界真實存在，真實互動？

當我們創造一個新自我，首先能懂「自我」是什麼，也明白人我界線是維護每個人人格完整的重要防護。同時了解自我覺察，是一個人能保持與自己連結的方式。接下來，我們將要為自己能夠真實投入世界做準備，那就是重建我們內心的安全感。

你看過畏懼世界的人吧！他的畏懼，讓他離群索居；他的畏懼，讓他抹掉自己的生命光芒；他的畏懼，讓他隨時隱藏自己的存在，躲進黑暗中。畏懼，讓人無法真實的存在，也無法真實的接觸他的世界。

為什麼一個人會如此畏懼呢？那是因為，在他記憶中、印象裡，只有數不盡的被傷害經驗，以及很難言說的受苦經驗。那受傷及受苦經驗，使他心靈被仇恨和怨懟占據，被委屈及無助感啃食。

一個人歷經巨大的傷害後，在他無法走過它、轉化它為自己心靈強壯的能量前，他會被這巨大的傷害壓制、綑綁、控制。這會使他懼怕自己曾經經歷過的傷害，再發生、再出現。而不是從巨大的傷害中，獲得了面對及處理的能力，並且轉化為生命的厚土，讓生命扎根更穩。於是，他只能迴避、躲藏、逃離、切割、麻木、分裂自我。他和他自己只有一個破碎的關係，甚至敵對及衝突。

一個人，內在無愛的力量，他就難以修復自己的破碎及斷裂。

我們安全感的破裂，也是如此，需要依靠愛的力量，來重建及修補。

可能你會說，早年破壞你安全感的人，已經不存在你生命中，或是早已不知去向，你又如何能為自己向對方討回公道呢？對方所造成的破壞如此巨大，使你活在恐懼的陰霾中。當初無力保護自己，現在的你，又能做些什麼呢？

我明白那種不相信自己能克服恐懼的感覺。然而，我也希望帶領你看見，對這個世界失去安全感，對自己的生存安全沒有信心，其中一個原因是「你不相信你可以保護得了自己」。

懂得保護自己，安全感才能穩當

如果，我們不相信可以保護得了自己，我們必然終日惶惶不安。就像，被歹徒闖入屋內一樣，驚嚇恐慌，任其擺布，受其侵害。而在這樣的遭遇之後，始終心神不寧，懼怕在某一個角落，可能又有危害存在。這樣的危害，徹底將我們的安全感及信任感崩解，不由自主地就讓我們深信，自己還會再受傷害，自己對於傷害的發生，無能為力。

我們從小到大的生命經驗，有著大大小小的傷害發生，這些傷害可能是言語傷害、肢體傷害、精神傷害，甚至是暴力及剝奪，這些傷害無論強弱度，都因此侵害我們的生活防護，及個人需要的安全界線。一旦安全感遭遇破壞、侵害，我們不管在進行什麼，都會產生一種不安及疑慮，不知道傷害會從哪裡而來？會不會有更大的傷害正要來臨？

唯一可以救贖我們終止這樣的不安及疑慮，就是好好地與自己建立一段信任關係。我們不可能控制得了這世界的傷害或災難。這世界的傷害或災難，可能來自人為或自然界，無論是什麼形式，我們都無法完全控制它不會發生，也阻擋不了想迴避的危險發生。我們唯一可以掌控的，只有自己；自己的心智、自己的反應、自己的能力、自己的內在狀態。

如果，我們想去控制他人、控制環境，要他（它）們必須確保不會傷害我，不會製造令我恐懼的情事，無疑的，我們必定會更加不安，因為我們心知肚明，他人及環境，都不是我們控制得來的。這樣做，只是加深我們的無能為力感，而讓不安及疑慮更強烈。

所以，重建安全感，就是好好建立自我保護的方法。當你相信，自己懂得如何協助自己，減輕傷害、避免傷害、阻隔傷害，不讓傷害毫不留情的發生在你身上，也不允許自己再任由侵害發生，那時，你才能真實感受自己有股從內而來的強大力量，勇敢面對傷害的存在，也發揮勇氣化解傷害。

當人有真心要保護的對象時，他會變得勇敢而強大。

你若真心想保護自己，視自己為珍貴，那麼，你會願意為自己而勇敢，而強大。就像許多珍愛孩子的父母，在患難災害時，絕對不會拋下孩子，甚至願意以自己的生命，去維護孩子的性命安全，直到他們力有未逮。

然而，你可能還是覺得，即使你懂了這些道理，也知道恐懼是如何挾持你，令你動彈不得，你還是奈何不了恐懼，只能任憑恐懼占有你，令你的認知能力凍結，不剩一點功能。

這樣的時候，恐懼已不單單是一種情緒，也不只是一種經驗再被提取記憶的過程。這時的恐懼，已化為你生存信念裡的一部分，也是你的生存模式。你的信念告訴你：必須保持懼怕；唯有保持懼怕，才能保命、避開危險。而危險是必須被小心偵測的，越快偵測出危險，就越能避開傷害及衝擊。

生存模式——洞察你所設定的生存信念

生活中，我總害怕看見衝突及不和諧。我好害怕面對人的紛爭。如果不得不遇到衝突，我會盡力化解許多衝突及尷尬的場面。有時候我開自己的玩笑，有時候轉開話題，有時候趕緊去做些能讓別人開心的事。

即使，我自己也有很多不舒服的感受，但我還是會選擇忽略自己，趕快做點什麼，去轉換氣氛，化解尷尬或任何不舒服的感覺。

我不太會說出自己的意見或看法，忘記從多小的年紀開始，也忘記是被什麼事件影響，我就是希望盡量能不表態就不表態，免得被盯上。盯上就會有事，不是被糾正這兒不行、那兒不對，不然就是被批評丟臉、笨。

我覺得：我是差勁的，別人都是優越的。也常覺得生活出現的一切挑戰及嘗試，我都面對得不好。所以，我唯一能做的就是乖乖聽話，盡量不要犯錯，也不要惹人不高興就對了。

你若問我，這個人生我想要實現什麼自己的願望或夢想，我其實也不知道。
我不太確定靠我自己一個人能實現什麼？或完成什麼願望？
對我來說，雖然他人讓我感覺難受，也常有被貶抑或不愉快的感覺，但是，我很難想像離開他們之後，我能如何過活？
那不是會很寂寞？也很孤單？

親愛的，那感覺真是好糟，也好疲憊，是不是？你必須花盡心力去獲得可以存在的認可，獲得人們的喜愛或接受，這樣，生命的威脅才會減少許多。

覺得自己的「生命是差勁」的感覺一直持續被你驗證。你聽過太多人說你是一個累贅或麻煩，你總為著別人可憐同情的眼光與莫可奈何的反應，感到痛苦，好像如果你不存在，似乎一切都沒有問題了。

不被看重及肯定，讓你覺得自己是失敗的產物。於是，糟糕的感覺如滾雪球，越滾越大。你抵抗不了別人對你的觀感和評價，又必須倚賴他們才能生存，這種矛盾的關係，使你無法坦承說出自己的感覺，害怕落入不乖、難教養的孩子，和渾身是劣根性的評語。漸漸的，你花加倍的力氣去和這些觀感抗衡，可是，你並不想讓人看見你的受傷與軟弱，所以你自嘲或故做不在意，好讓人認為，其實沒有什麼傷得了你。

只是，憤怒與懼怕在你心裡，有如毒瘤啃噬著你的靈魂。這是只有你自己內在才知道的感受。

那對環境變化與生命遭遇的無助、無力感，無邊界地蔓延及發生。你憤怒自己無能，不能阻止一切發生。你看不到自己，感受不到一連串排山倒海的挑戰與衝擊對你究竟有什麼影響，你只要求自己努力的討好環境，不要感覺自己，以迴避接觸真實的自己。

覺察你早年的生命設定，重新再選擇

生存模式的累積及建立，足以成為我們人格養成的一部分來源。我們所受的教養、照顧方式，和受環境影響的歷程，都會型塑我們的人格特質。為了因應環境要求、因應生存需求，我們必然要學習並累積某些在生長環境中必要的性格，及必須的因應模式。

這些性格及因應模式，在當初的形成，是為了讓我們可以獲得生存機會。在我們年幼時，我們的世界局限而狹小，無法知曉其它生存方法的存在。乃至環境的影響，甚至情境逼迫，讓我們不得不型塑出一些性格以因應。也未意識到，究竟自己選擇了什麼樣的反應模式。

在我們童年時，特別是六歲之前，所經歷到的環境及被對待方式，足以形成我們生命重要的資料庫，讓我們累積許多體會及發現，知道自己該如何生存、如何回應外界訊息、如何避開危險以求自保、如何獲取關注及喜愛、甚至，如何競爭及爭奪。

沒有任何人的生命，是只有「全好」或「完美」的經歷及影響。每個人的生命總有他所要面對的痛苦及衝擊。在自己的主觀世界裡，痛苦感，都可能發生在個人身上。透過個人的知覺及感覺，我們進行對個人而言具有意義解釋，以形成認知概念，及自己人生的「參考架構」。

如果，你的身體及心靈，曾經對某事件產生了痛苦感的反應，這往往意謂在我們早年所建立的參考架構，有些部分會引發我們的痛苦，有些部分則是會不斷衝擊我們的參考架構，而形成混亂。若沒有看清楚引起反應的來由，沒有理解自己的意識來源及脈絡，那麼，相似的事件再來時，仍會產生類似的感覺與意念。如果只是反覆痛苦，而不求了解（也就是自我探索及認識），這不斷產生的痛苦感，就會耗損生命，而不是幫助生命處理早年傷痛或陰霾。

我們來看個例子：有位女性在兩歲時，因為母親再懷孕，所以她被交予鄉下的祖父母撫養照顧。雖然祖父母非常疼愛她，也十分盡心呵護她，但是父母久久才出現一次來探望她，並且只待在她身邊一兩天後就離開，這樣反反覆覆的經驗，讓她內心累積一種不知名的失落，且在父母出現及離開後，情緒總是特別不穩定。

雖然六歲時，她回到了父母身邊，和她的妹妹也相聚了，但直至她長大成人，她始終有種說不出，也不能說的感覺：「我沒有妹妹重要」。

這樣的感覺，讓她無意識地對於父母對待她和妹妹是否有所差別特別敏感。而她總是能抓到蛛絲馬跡，證實父母親對待妹妹有比較特殊的關注及情感表達。這無形中更加深她的失落感及憤怒。

而後到青春期，乃至成年初期，她對於自己所在乎且重視的對象，也都會敏感地觀察那些對象是否在乎她、重視她，勝過於其他人。她一旦抓到蛛絲馬跡，證明對方有其他關注的人，或是重視他人勝過於她，她的嫉妒及憤怒，就會在她心中形成狂烈颶風，令她情緒劇烈起伏，難以平穩和緩。

她的情緒激烈，是受情境刺激沒錯，但是，情境如何被解讀、情境如何被感知，這些都是來自於她早年的生命經驗，讓她在反反覆覆中，設定了一些生命信念，也設定了一些生存模式。而這些生命信念及生存模式，在接下來的人生中，不再需要現實環境的核對及確認，會被自動化地套入情境，認定這一切究竟發生了什麼。

以此來說，這女孩在早年反覆經歷父母的離去，並且解讀父母比較重視及在乎妹妹，她是其次的、較不重要的，所以交給了祖父母照顧。即使後來回到原生家庭，也在搜尋父母親的差別待遇中，強化了父母的偏心，及自己是不重要的自我概念。

雖然情緒會受此生命信念的設定，而引發強烈的不舒服感，甚至痛苦感，但是只要當事人沒有覺察自己的生命設定——「我是不重要的，我是可以隨意被丟下的」，他便看不見自己被影響的生存模式：「我必須小心翼翼的防止別人的拋棄，我必須要隨時喚得關注，不然別人就會忽略我。」

如此，便會在相似的情境中，出現循環式的遭逢，產生出循環的歷程及結果。

當我們已成年，有足夠的心理能量及心理素質，可以回頭探索自我時，我們不僅是重複訴說那些過往的遭遇及情節，更重要的是，我們能在過往的生命故事中，意識並覺知我們如何解讀自己的生命，又如何解讀他人的對待，以至於我們形成了什麼樣的生命信念，無意識中做了什麼生命設定。

而之所以需要進行這份生命信念及設定的覺察，無非是要賦予我們再一次的選擇及決定，是否要如此無意識地被早年的設定和生命信念所左右，並且毫無自控性地被激發、被拉扯及衝擊。

你的情緒、想法及行為，有屬於你自己的一套模式。從模式去探索自己的內在信念，及設定的參考架構，不僅對自我有更深入且完整的認識，也可以給自己一次機會，再選擇是否只能以過去的角度及眼光，來解讀情境及經歷。

或許換個角度、換個視框、換個距離來重新認知情境，重新理解早年經歷，我們會出現鬆動的觀點，不偏執在自我中心的認為。然後，更全面地了解當時的經驗、他人和自己的處境，還有情境的細節。

感受這世界的真實，重新學習因應之道

還原過去的早年經驗，鬆動無意識下所設定的認知解釋及生命信念，是為了賦予我們經歷一個新世界的可能性。

這個新世界，是來自於真實的接觸及真實的互動，所形成的真實經驗。也就是，回到每個當下的經驗去體驗、感受及理解，而不是將經驗，套進過往的解讀設定和生命信念，開始自顧自的驗證、論斷，及再度強化自己偏頗失真的生命信念。

我們可以不被過去的經驗操弄，使我們失去體驗好好活在當下的機會；我們也可以終止永無止境地受相似情境折磨和摧殘，循環經歷痛苦的發生。只要我們覺察自己的生命信念，還有對於生命情境的解讀設定，我們就能因為這一份覺察，獲得清醒。清醒地覺知我們所存活的世界，並且重新認識及學習理解世界的更多角度和方法，不再落入無意識中被引發的痛苦。

這一份生命的甦醒，是你的新自我即將創造而生，最寶貴的推動力量。

創造新自我第二天・總複習

認識你的人格特質，即使有先天基因的遺傳影響，但透過自己的摸索及建立，仍然可以擁有權利，培養能力活出自己想成為的樣子。我們所形成的樣子，若歸因於環境及他人的逼迫及塑造，是最讓我們感到無助及無能為力的。型塑自己，是我們每個人可以為自己盡力及付出行動的。

提升自我人格的整合功能，是建立在接納自我的基礎上。越是能接納自己不同特質的人，人格面具也就越豐富，若能善於運用，則在不同情境及環境中，就能為個體增加許多因應的策略。而人的生活問題，其實並非來自人有人格面具。而是對面具的穿戴過於執著，非要如何不可，如果沒有這樣展現自己的形象，則會感到不安，或是覺得自己不夠好而自覺羞愧。

我們每個人皆有許多不同的人格特質，能整合及協調這些人格特質，並維持內在運作的穩定性，及因應外界環境的需求，就是「自我」能發揮功能，使人格特質接受「自我」的蒐集訊息、評估、決策，及統整。

能好好地與自己建立一段信任關係，才能為內在建立安全感，幫助自我維持穩定狀態。我們不可能控制得了這世界的傷害或災難，無論是來自人為或自然界，無論是什麼形式，我們都無法完全控制危險不會發生。我們唯一可以掌控的，只有自己；自己的心智、自己的反應、自己的能力、自己的內在狀態。穩定的自我功能，能讓我們即使遇到環境變化，或突發事件，也能因應現實的情況，處理及面對。

人格所含有的各種性格及生存因應模式，在當初的形成，是為了讓我們可以獲得生存機會，避開危險或傷害。但沒有覺察與重新反思的性格和生存反應模式，則會讓我們在相似的情境中，出現循環式的遭逢，產生出循環的歷程及結果。

還原過去的早年經驗，鬆動無意識下所設定的認知解釋及生命信念，是為了賦予我們經歷一個新世界的可能性。生命的甦醒，是你的新自我即將創造而生，最寶貴的推動力量。

請在第二天，寫封給自己的信，真實地與自己對話、聆聽自己的聲音：

關於你的特質面貌、你的安全需求、你覺察到的長時間生存模式。

好好看見自己的形成，誠實地面對自己，並誠摯地回應自己，現在的你要的是什麼樣的選擇。

親愛的＿＿＿＿＿＿

新自我誕生曼陀羅

第二天——「波」

生命的運行是流動的。
透過生命的運行、時間的流動，
一切從啟蒙漸生屬於你的輪廓。
生命的律動、推前，似水、似泉、似浪。
你感覺到自己的前進，
迫不及待地向前，成長、形成。
你從中發現自己的勇敢、積極，
勇於經歷也樂於冒險。
縱然懵懂，但藉著探索自己、探索世界，
你充滿了生命的活力，與新生的希望。
你知道，一切，都正在形成中。

創造你的新自我

第三天

自尊與自我價值．自我肯定．自我回饋

神說，天下的水要聚在一處，使旱地露出來。
事就這樣成了。
神稱旱地為地，稱水的聚處為海。神看著是好的。
神說，地要發生青草，和結種子的菜蔬，
並結果子的樹木，各從其類，果子都包著核。
事就這樣成了。
於是地發生了青草，和結種子的菜蔬，各從其類；
並結果子的樹木，各從其類，果子都包著核。
神看著是好的。
有晚上，有早晨，是第三日。
《聖經》〈創世紀〉1:9-13

穩定度從這裡來：自尊與自我價值

其實我煩惱很多。雖然沒有面對很大的失去或創傷事件，但我心裡始終有些念頭揮之不去。

像是「我不被喜歡」「沒有人在乎我」「我沒有什麼值得驕傲的成就」「我沒有魅力，當然不受關注」。

這些念頭總是盤旋在我腦海裡，特別是，當別人很開心或快樂地聚集，卻沒有邀請我加入，或我不知道該怎麼和他們互動時，我都覺得自己應該是個被討厭的人，或乏味的人。

我其實很努力，想要成為別人會喜歡的那種人，所以總是多看些增加個人吸引力的書，試著成為那種大家都會喜歡的隨和、幽默、開朗的人。我希望別人對我的表現，都能感到滿意及喜歡。

如果你問我，我想獲得什麼？這麼努力，竭盡所能地滿足別人，或在乎別人的感覺，究竟想要從中獲得什麼？

我想，應該是想獲得安心活在人群中的感覺。不會害怕被排除，不用擔心被討厭。那麼，就不會有人在背後批評我、攻擊我。那種情況，會讓我覺得很難招架，不知道該怎麼與人互動。

可是，即使我好努力討他們開心、滿意，我不懂為什麼還是有些人會對我表現出敵意，或不以為然？

為什麼還是有人在背地批評我，說我很假、做作、愛引人注意？說我故意裝好人，看起來一點個性都沒有，根本是偽裝。

我只是很怕那種被排斥、被拒絕的感覺，所以總是克制自己不要生氣，不要和人計較。

為什麼這樣就要被人在背後說東說西？為什麼別人總看不到我這麼努力付出？

親愛的，我知道，你好努力地要求自己，在乎生活周圍其他人的感受。

你付出自己，希望別人可以因你的付出及給予，看見你存在的美好，肯定你存在的價值。當人們越肯定你，你就越能因此感到安心，覺得自己不是沒用的東西。

也許從很小開始，你就聽著父母親或長輩不停地訓誡你，做人要有用。也總要你達到他們的要求及需求。你還記得嗎？當你達不到時，彷彿他們供應給你的生活，都是浪費、都是一種損失。彷彿你的生命沒有其他的價值，你的價值，只能建立在別人滿不滿意，及別人喜不喜歡你。

也許，你還有過這樣的經驗：在求學的階段，乃至到進入社會職場，在無數次競爭及選拔中，你被淘汰，或經歷到失敗。

這些經驗，都讓你苦惱著被社會拒絕，及無法在社會獲得一個安心存在的位置。所以，你更強烈地認定自己一無是處，你必須更努力地擁有許多條件，更不斷訓誡自己：要成為有用的人，要讓人肯定你的價值。

你因應著不同場合、不同局面、不同環境的標準及要求，你要自己不能放鬆，也不可以放棄，你抱定著「自己不夠好」，只能不斷要求自己、鞭策自己。

若是你是這樣長大的，那麼請告訴自己：你有能力學習，有能力競爭，但你的存在價值不是由這些定義。你生命形成的那一刻，已是奇蹟，已是美好。你只要能好好成為自己，真實地將生命展現、付出，帶給世界一些善及愛，這就是最美的你，最好的你。你不需要贏過誰，也不需要踩過誰，或把誰拋在腦後，你只要面對自己、挑戰自己、實現自己，這就是你誕生，最重要的事了。

你或許會疑惑，一個人的價值怎麼能建立在什麼都不做、什麼都沒成功的狀況呢？

一個人的價值感，不就是要別人肯定與喜歡，別人認同，才算嗎？

個體心理學創始者阿德勒認為，**一個穩健的人，他不僅不需要追求優越，也不需要「優越感」**。他不需透過這些追求，彌補自己內心的自慚形穢（自卑）。他仍能夠好好穩穩地成為自己，這才是健康的生命。

因此，我邀請你懂得為自己建立自尊，及自我價值感。

自尊，不卑不亢的自我存在

心理健康的人，自尊感是穩定且充實的，不但認為自己是一個有價值的人，並能感覺自己值得別人尊重，也能夠接納個人的不足之處。

不需要過度誇大自己的表現及成就，也不需要刻意否定及藐視自己。

自尊，是一個人喜愛自己，願意尊重自己，不會任意忽略自己，及漠視自己主體的存在。

自尊，不僅關乎心理健康狀態，也影響一個人的情緒穩定度。自尊感低落者，易為小事感到受傷，任何話語、反應、情況，都可能讓他在第一時間先指向對自己的否定，並且認為他人也是否定他、輕視他的，而感到委屈及挫折。

於是，情緒便會劇烈起伏；不安、焦慮、害怕、不平、憤怒、憂鬱，等等複雜的情緒交錯出現，甚至激起強烈痛苦。

當一個人無法建立穩定自尊，他的內在必然長期處於否定及批評自己的狀態。他和自己的關係對立衝突，並常起伏不穩定，一下子覺得自己好像還不錯，但下一刻，又覺得自己糟糕透頂。

於是，他需要借重外在，以外在的掌聲、肯定、讚賞，彌補內在對自己的否定及批評。也可以消除一些覺得「自己不好」的痛苦感。

於是，他無法容忍一丁點「你不好」的評語。對於外在的非肯定性評語，變得更加介意。若是被否定或忽視，那強烈的忿忿不平，總難以平復，那是內心深處的挫折感及無力感，好像怎麼做都不夠、怎麼努力都不好。

當我們年幼時，建立自尊確實需要透過生活周遭的父母（主要照顧者）、師長、親人協助，使我們有穩定的回饋來源，對自己能形成好的觀感。隨著成長歷程，青春期的我們會需要尋找自我認同，透過環境及同儕的認同及接納，增進對自我的認同及接受。

到成年期時，我們可以漸漸地將過去所累積的自我觀感、自尊、自我認同、自我價值感，形成內在穩定的人格結構，對自我有一致性的看法及知覺。而此時，我們的內在，便能產生恆定性的自尊、自我價值感。即使環境有困境，或是經歷了不順遂，也不隨之強烈抨擊自我。對自己的評價及看法，不會在極端（好與壞）之間，擺盪不定。

建立自尊，改變過去的方式

過去，當我們還小時，都經歷過自尊被踐踏的經驗。那些經驗，來自於過去的社會相信「責備」及「貶損」孩子，可以激發孩子向上努力，也避免讓孩子自滿，而不再努力。更多時候，大人以「責備」及「貶損」削弱孩子的自主性，使孩子順從或乖巧。

但是，經歷了非常長時間的影響，走過了好幾代的傳遞，我們漸漸可以發現，這樣的教養方式，讓許多人內心積壓了許多傷痛，也對自己產生不滿意、不喜愛的反應。即使在獲得許多成就及社會條件之後，許多人對於自己的生命仍是否定的，甚至，選擇提早結束痛苦而憂傷的生命。

現代人要感受到簡單的快樂，並對自我感到滿意，幾乎是每個人的生活難題。

特別是重視功績的社會，要求有所表現、成績、效能，才有資格獲得肯定，才有資格對自己滿意，以至於許多人都陷落在「我不足」「我不夠」的陰霾中，恐懼自己被社會淘汰及排除。

所以，**創造新的自我，就是為自己培養不會隨著環境變動而起伏的自尊，及自我價值感**。如此，我們才能有安穩的內在，陪著自己因應與面對現實生活的諸多挑戰和難關。

而這一份培養，必須先**檢視過往自己被教養的方式**。如果知道過去被教養的方式，形成對自己的許多負向影響，包括沒有自信、害怕出錯、在乎評價、會為了關係和諧忍受做自己不喜歡的事、不斷數落及批評自己、長時間不快樂……等等，那麼，以過去的教養方式繼續對待自己，只會讓自尊持續受損，呈現不穩定的起伏。

改變過去的被對待方式，包括：停止再繼續在大腦放送負面自我批評和否定話語。語言，可以支持人，也可以傷人。持續羞辱及貶抑自己，無疑是讓自己無法離開傷害自己的處境。

接著，提高自我覺察。特別是潛意識所壓抑對自己的負向觀感，常以自動化呈現，讓個體覺得理所當然，無任何反駁及彈性鬆動的能力。提高自我覺察，讓自己覺知自己的情緒、想法及行為反應，如果有自動化呈現的現象，則要對於負面自我評價，及自我否定，進行質疑及反駁，以鬆動那些有害性的自我否定。

建立穩定自尊，必須不將自我喜愛及自我滿意度，建立在外表可變的物質上或面貌上。例如，必須擁有名貴衣著或飾品，才覺得自己有價值，對自己有信心；或是以五官身材來決定是否喜愛自己，如果自己外貌形象自覺不佳，則覺得自己沒有什麼值得滿意及獲得肯定。

建立在物質及外貌上的自尊，必定是不穩定的，此人會活在恐懼失去的狀態下，處心積慮地想維持外在，恐慌外在條件的改變，打擊到他的自尊。

自尊，需要建立在對自己內涵的肯定。例如，建立在自己的特質及天賦才能，不會隨著時間、環境因素，而忽有忽無。像是，肯定自己生命內在的韌性、毅力，或肯定自己對於生命成長付出的認真、努力、勇敢等等。

這些特質及生命力量，都是屬於生命內涵，不會隨著時間或環境而產生變化。如此，自尊的建立，就能有一致性穩定。

自尊的培養，不是誇大式讚賞自己，也不是自我欺騙、合理化自己的缺失。而是懂得回饋自我一些有益生命的肯定，也懂得鼓勵自己，讓自己面對人事物的處理，無論成功或是挫折，都能看見自己的長處及才能，也能夠接納自己的不足，相信生命還有學習的空間。

面對挫折的承受力：自我肯定

曾有人對我說：「你要對自己好一點。」或是說：「不要總是否定自己。」我還滿訝異的，不知道：什麼是「對自己好一點」？我真的否定了自己嗎？但是想一想後，發現確實是如此。我總在事情過後拚命檢討自己，覺得自己哪裡不夠好、哪裡出錯、哪裡可以再表現好一點、哪裡不夠小心謹慎。

總之，我幾乎沒有什麼時候覺得自己做的夠好、覺得自己盡力了，所以我總是不安焦慮，心情很難放鬆。

如果事情處理得順利，我還可以減少一些自我質疑及否定。如果，事情不如預期，或是覺得自己的表現不盡理想，我就懊惱不已，恨不得有個地洞，讓我躲進去一陣子，直到大家都忘記我發生的這件事。

我很難接受自己有缺失，有缺失就代表我沒有盡力，代表我能力不夠，代表我一定做錯什麼。

當事情不順利時，或是慘遭挫敗，我的心情都會跌入谷底，我覺得很難原諒自己，覺得自己好丟臉。對別人來說，似乎很簡單，都能處理妥當的事，為什麼偏偏我就是會出錯？
偏偏別人都沒有給我什麼好的回應及肯定，好像我本來就該把事情做好，做不好就罪該萬死……

親愛的，過去的你，生活太多辛苦，外在順應著別人，內在卻壓抑自己許多的需求。

過於順應外在，產生的委屈、憤怒、失落，終於讓你內心失去平衡。內外失衡的情況下，你的情緒總是沉悶、抑鬱、惶惶不安。

即使故作輕鬆，不讓人看出你的心情，但只要一個人靜下來時，捫心自問過得如何，你其實很清楚，你有多不喜歡你的生活。

你不明白為什麼體會不到開心的感覺，只有無盡的疲累，好累好累，好像一種永遠無法恢復元氣的倦怠感。而內心的更深處，還有一種無法展開自我的感覺，什麼都要顧慮、什麼都要謹慎，自己像是被牢籠困住，動彈不得。最洩氣的是，即使覺得已經花盡所有力氣，還是感受不到有任何成就感。

有時候，周圍的親友或同事，看你偶爾出現的無精打采，或是一時間恍神發呆，就開始以不敗鋼鐵人的姿態要你：做人不要太消極、不要那麼喪志、不要想太多，不然就是嘲諷你睡覺時間都去做什麼了？怎麼那麼有氣無力？

你聽了非常多對你的指教，評論著你該如何面對人生才對。而這種時候，你心裡更是沮喪，更是無力，連再多做解釋的力氣都沒有了。好像你總是錯的那一個，好像你總是有問題的那一個，好像你總是讓人搖頭覺得不夠好的那一個。

如果，你經歷了很久的這種日子，那麼，我想讓你知道，我們都期望被肯定的感覺，這會讓我們覺得自己是有用，且重要的。然而，肯定感的來源，若總是期待外界給予，我們必然會遭受失落，也會深感挫折。

為什麼這麼說呢？

一個事實：環境不總是充滿支持性

你有沒有觀察過，你所期待的正向肯定及支持性回應，是你環境中存有的嗎？不論是你的家庭、你的職場、你的求學環境，他們是有能力給予好的回饋及肯定的嗎？

有時候，我們並未認清事實，我們所期待給予我們肯定的人，他本身並沒有「肯定人」的能力。或許他眼中只能看見自己的好，卻無法看見他人的好；或是他眼中看不見自己的好，也看不見他人的好。無論是前者，還是後者，這樣的人都是對他人嚴苛的。

所以期待一個沒有能力給人正向回饋及肯定的人，給予你肯定，那是緣木求魚。

所以，不要因為他人不肯定你，或表現出不重視你，而來傷害自己。你當然會經歷到一些失落及失望的感覺，也會傷心。但失落及失望，都不是為了讓你更憎惡自己。而是為了讓你明白，真實的世界是什麼；真實的世界，不總是依照我們的期待運轉，也沒有一個人會無時無刻的將關注力放在你身上，不斷提供你需求，來滿足你。

因為成熟長大的意義，就是我們都能成為一個有能力支持自己、照顧自己，也承擔自己生命責任的人。

所以認清這個世界的真實，是幻滅的開始，也是成長轉化的開始。

學會鼓勵自己、肯定自己

如果我們沒有從內在學習，對自己具有支持力，那麼，我們就只能一直盼著從他人，來給予我支持及肯定。他人能給，我們心安，他人不能給，我們失望……

這樣循環下去，只會落入我們心裡的「證明」，證明我不值得被愛、被喜歡及肯定。

這將會是永無止境的情緒泥沼啊！

允許自己擁有權利肯定自己。**允許**自己擁有權利喜愛自己。也擁有權利讓自己的內心充滿愛及能量。讓你的心中，就是一座有機的小花園，光合作用，生生不息。

你知道「允許」有多重要嗎？

還記得我們小時候嗎？我們有許多的不被允許，默默地被我們收進來：不允許自己可以開心、不允許自己可已滿足、不允許自己可以感覺得意、不允許自己有想法感受、不允許表達、不允許和別人不一樣……

我們被大人告誡了許多「不准」及「不行」，在我們還無法確切的了解原因（原因太複雜）前，我們被這些「不准」及「不行」限制，也被這些「不准」及「不行」拒絕，讓我們以為自己沒有資格、自己不值得、自己不配。

久而久之，我們不敢感覺愉快，不敢感覺得意，不敢感覺滿足，不敢肯定自己，不敢感覺真實的感覺，不敢有自己的想法，也不敢表達。

我們必須尋求外界的意見、標準、評價、看法，才覺得被認可。但同時，又很介意外界的評價、觀點及看法，很怕被否定，被視為失敗或劣質品。

這種矛盾感受，你一定熟悉。

但現在，我們可以鬆動及調整這樣的矛盾，還給自己一致性，讓內心的自己感覺到喜悅及滿意，我們可以真實的表達自己的開心，及為自己的表現感到肯定。

學會為自己鼓勵，也學會為自己喝采。不再是等著別人來給我、來看見我、來肯定我，來告訴我：我不錯。我們可以真心實意地對自己說：「我看見自己的努力，看見自己的付出，看見自己認真面對……對於我所堅持的、我重視的、我想實現的，我為自己喝采，也支持自己實現所想要的生活。」

願意為自己，學會自己想要被鼓勵及支持的方法，這也是一種愛自己的表現。

安頓「自我」的能力：自我欣賞及回饋

我的心常常亂糟糟，很難安靜。

除了外在有許多要求我的聲音，和期待我該成為什麼樣子的建議之外，我常在檢討自己。

我認為人該要檢討自己，如果自我感覺太良好，卻是闖了很多禍卻不自知，我覺得那樣的人很可憐，也很可笑，因為他不知道自己問題在哪。

可是，不知道是否是我對自己太挑剔了？我每天看自己，都看見自己許多不好的表現，像是不夠機靈、不夠大方、不夠有魄力、不夠細心……

我有許多覺得自己不夠的地方，滿滿一籮筐。

你若告訴我，要懂得肯定自己及欣賞自己，這會讓我覺得很茫然，我不知道該怎麼做。跟自己說好聽的話？即使我不認為？

我也不知道，什麼是貼近自己的感受？我覺得要求自己都是應該的，不是要吃得苦中苦，方可成為人上人嗎？

我就是希望能盡快進步，盡快都沒有缺點，不再經歷情緒的起伏，也不再感覺那種因為沒有自信，而害怕失敗的感覺。

可是好奇怪，總是越期待自己趕快超越、趕快振作，就越覺得自己無能為力。

然後，時間只能虛度，什麼都做不了，因為我的心亂糟糟，靜不下來。最後，只剩下挫折的感覺，更不滿意自己了。

我知道那種心裡不踏實的感覺，總害怕自己無法面對環境的挑戰。希望自己可以瞬間變得強大，再也不用經歷什麼擔心害怕，再也不用一直承受情緒的翻攪起伏。

我想讓你了解，**你不需再這麼辛苦地強逼自己**。用逼的方法，是過去當我們是小孩時，被大人逼著走，不得不，沒有選擇。現在的我們，長大了，可以學會溫柔疼惜自己，也可以學會與自己同行為伴，陪著自己走，而不是再用強逼的。

過去好多夜裡，你對人生感到無望，心中泛起莫名的恐懼，那些聲音恐嚇著你會有不好的事發生，你沒有能力，什麼都無法掌握。在某些時刻，你對自己感到失望和沮喪，覺得自己沒有能力存活在這個世界。

人生，確實無法什麼都被我們掌握，但如果你把掌握自己的能力也交出去，你就真的無法掌握什麼了，也會徹底失去內在力量。

所以不要讓你的情緒來掌握你，影響你帶著情緒的眼睛看世界、看自己，也不要讓一種情緒占滿你的心，這樣其他的情緒便沒有空間進來，也沒有辦法流動。**最好處理情緒的方法，是認識情緒，並且「照顧情緒」**。各種情緒，都值得你好好認識。如此你才可能辨認出它們，叫出它們的正名。

想像一下，當你認識它，並叫出它，再加上懂得它、知道它的需要時，你們會是什麼關係？它不但不會傷害你，反而能與你親密對話，提醒你需要維護自己的是什麼，或是你渴望的是什麼？你有什麼感受需要被照顧？

這樣，情緒會成為一種生命能量及生命的伙伴，豐富我們的情感，支持我們的行動。當情緒能在我們生命自在流動，我們就不是受情緒綑綁，甚至覺得受到情緒的虐待及懲罰。

安穩身心，回饋給自己一份看見

親愛的，你知道嗎？活著的我們，都需要一份關注，更需要一份「看見」。所謂的

「看見」，是帶著一份理解，理解自己的生命正在努力什麼、奮鬥什麼、堅持什麼、維繫什麼。

以往，你對自己的「看見」，總是帶著有色眼鏡，灰灰濛濛的，很模糊。不然就是總是看見自己的扭曲變形，很不真實。想肯定自己的存在，又心虛心慌，覺得自己看起來並不那麼光彩亮麗。好像頭頂上總有一朵烏雲籠罩你，隨時都可以讓你的世界狂風暴雨。

好好「看見」自己，是不再帶著哈哈鏡片，把自己扭曲，也不再帶著放大鏡，過度誇大自己。當然也不是漠視自己，始終瞧不見自己。

如果，你真實看見自己在生活中的付出及承受，看見自己的環境也許不豐裕優渥，生活經驗布滿真實殘酷艱辛，但你還是在當中努力學習、努力突破、努力嘗試、努力面對、努力堅持。這個如此努力的你，你是否能如實「看見」？

不再把這個自己模糊，視一切的承擔及付出理所當然。也不把自己工具化了，將自己視為一個大機械的小螺絲釘，對自己無感，任其消耗、任其運轉。如果將自己機械化或工具了，以為這樣就可以毫無感受地一直工作、一直運轉，那麼，生命遲早會出現反彈的時候。不是生理功能方面的反彈，就是心理情緒方面的反彈。

亂糟糟、混亂感，持久不退的低落感、無動力感，是身心反彈最明顯的症狀。

所以請將自己「還原」一個有機體，需要滋養、灌溉、栽培，和關照。

每一天結束前，我們都需要對自己進行維護，保養自己的身心，好讓明天的我們，有好的能量繼續運行在這世上。而每一天，我們都需要一個能力——安頓自己。安頓，是一種沉澱及安放，讓紛亂的思緒和情緒都能平息，回歸於零，也意謂著一天的結束。

所以，不是繼續翻動思緒或情緒。這樣的話，我們根本難以真正休息，進入睡眠、修復身心（特別是大腦）。

在夜深人靜的時候，我們真正需要的，不是反省和檢討，那會把我們像用放大鏡一樣掃描，並且端詳自己的缺失及過錯。

當你不斷檢視自己的缺失及過錯，你的情緒勢必會受到影響，不僅感覺到疲累、低落，更會產生許多負面思緒，責備自己或叮嚀自己。以至於許多人在睡覺前，思緒紛飛，難以平靜，也引發情緒的焦慮、不安，還有挫折及沮喪。

以正向情感能量，安頓自我

在夜深人靜的時候，我們真正需要的是沉澱，並回饋給自己一份肯定的「看見」。看見自己一天當中的付出、看見自己一天當中的負責、看見自己一天當中的認真、看見自己一天當中的學習、看見自己一天當中的進展、看見自己一天當中的勇敢嘗試、看見自己一天當中，好好的整理了自己生命的課題。

今天有今天的完成，今天有今天的領會，今天有今天的成長。

今天還未能夠跨越及處理完成的部分，讓明天來承接，也讓明天繼續給我們時間和空間。

在我們要結束一天的最後一刻，我們可以與自己有一份深深的擁抱及感謝；謝謝自己對自我實現的追尋及努力，也謝謝自己不放棄一份理想的努力。還有，謝謝自己對生命價值的一份相信。

最後，將你自己視為最親愛的生命伙伴，好好地告訴你自己，今天對自己的三份欣賞。你好欣賞今天的自己：…………、…………、…………。

然後，深深地將對自己的欣賞，放在心窩溫暖、滋養。讓這欣賞的部分，成為生命的能量。當我們安睡時，轉換成我們在新的一天開始的動力。那些尚要實現的部分、尚未經驗的部分、尚要創造的部分、尚未完成的部分，我們依然充滿希望，相信生命自有安排及機會，只要我們願意。

創造新自我的第三天．總複習

心理健康的人，自尊感是穩定且充實的。不但認為自己是有價值的人，並能感覺自己值得被尊重，也能夠接納個人的不足之處。不需要過度誇大自己的表現及成就，也不需要刻意地否定，及藐視自己。

自尊的培養，不是誇大式讚賞自己，也不是自我欺騙、合理化自己的缺失。而是懂得回饋自我一些有益生命的肯定，也懂得鼓勵自己，讓自己面對人事物的處理，無論成功或是挫折，都能看見自己的長處及才能，也能夠接納自己的不足，相信生命還有學習的空間。

允許自己擁有權利肯定自己。允許自己擁有權利喜愛自己。也擁有權利讓自己的內心充滿愛及能量。

讓你的心中，是一座有機的小花園，光合作用，生生不息。

學會為自己鼓勵，也學會為自己喝采。不再是等著別人來給我、來看見我、來肯定我，來告訴我：我不錯。我們可以真心實意地對自己說：「我看見自己的努力、看見自己的付出、看見自己認真的面對……對於我所堅持的、我重視的、我想實現的，我為自己喝采，也支持自己實現自己想要的生活。」

願意為自己學會自己想被鼓勵及支持的方法，也是一種愛自己的表現。

請將自己「還原」為一個有機體，需要滋養、灌溉、栽培，和關照。

每一天結束前，我們都需要對自己進行維護，保養自己的身心，好讓明天的我們，有好的能量繼續運行在這世上。而每一天，我們都需要一個能力——安頓自己。

安頓，是一種沉澱及安放，讓紛亂的思緒和情緒都能平息，回歸於零，也意謂著一天的結束。

在我們要結束一天的最後一刻，我們可以與自己有一份深深的擁抱及感謝；謝謝自己對自我實現的追尋及努力，也謝謝自己不放棄一份理想的努力。還有，謝謝自己對生命價值的一份相信。

將你自己視為最親愛的生命伙伴，好好地告訴你自己，今天對自己的三份欣賞。你好欣賞今天的自己：＿＿＿＿、＿＿＿＿、＿＿＿＿。

並讓這份欣賞溫暖心窩，轉化為生命的動能，讓生命願意更多的成全自己、完成自己。

請在第三天，寫封給自己的信，真實地與自己對話，聆聽自己的聲音：

關於你如何知覺自己的自尊需求、你所需要的支持及鼓勵、你能夠安頓自己的自我回饋。

好好地覺知自己的存在，有你所需要建立的自尊、想獲得的價值感肯定，及可以欣賞並累積更多自我正向知覺的部分。

請誠摯地書寫，並回應自己，現在的你想怎樣選擇，如何創造新自我。

親愛的＿＿＿＿＿＿

新自我誕生曼陀羅

第三天——「盛」

成長的一路上，充滿著各種可能，
引領你朝向豐盛及茁壯的道路。
生命的成長至成熟，不僅需要完整的歷程，
也需要足夠的條件聚合。
每一份挑戰，都是歷練。
每一次的扎根及翻動，
都讓你更了解自己的特性、能力、耐性及承擔力。
生命的豐盛及厚實，
來自於你實實在在地投入所有過程，
充分將你的生命落實於這世界。
因為你如實經歷，內心因而真實地為自己開心，
為自己的存在感到肯定及滿足。

創造你的新自我

第四天

發覺獨特天賦・自我選擇及自我承擔・情感連結與調節

神說，天上要有光體，可以分晝夜，
作記號，定節令，日子，年歲。
並要發光在天空，普照在地上。
事就這樣成了。
於是神造了兩個大光，大的管晝，小的管夜。
又造眾星。就把這些光擺列在天空，普照在地上。
管理晝夜，分別明暗。
神看著是好的。
有晚上，有早晨，是第四日。
《聖經》〈創世紀〉1:14-19

你之所以是你：發覺獨特天賦

我覺得自己的存在感很薄弱，像空氣一樣，無形無影。

有一天，我臨時請了一天病假，沒去工作，心裡過意不去，覺得自己好像會延誤什麼。

可是隔一天，我發現，其實沒人察覺我整天都沒出現在辦公室，也沒人知道我生病不舒服，當然也沒有任何人關心我的身體狀況。

那一刻，我告訴自己：「你看，你有多平庸，多不重要。你在或不在，其實都差不多。你如果不好好待在這個位置，很快地，任何人都可以取代你。你只是幸運擁有了這個位置，但是這個位置，可不是非你不可。」

我總是被自己嚇得，好怕自己有一天會被工作單位解雇。我怕這麼平庸的我，沒有什麼才能可以在這世界上生存。

從小，父母親就常說我平凡，什麼都不出色，也沒有什麼值得驕傲的，乾脆乖乖找個穩定工作，好好過日子，有機會認識對象，結婚成家、生孩子，過完一輩子就算了。

我不敢想自己能實現什麼夢想。說實話，我也不知道，自己的夢想是什麼？有時候，我甚至不知道自己是誰？自己究竟有什麼獨特，才能構成「我」的存在？

親愛的，你相不相信？在你生命誕生時，你的生命就蘊藏一份美好，像是一份寶藏，早就已經內建在你的生命中。只是必須由你發掘、由你自覺，也要你真實領受這一份美好的價值，你才能真正知道，你之所以是你的原因。

你可能會很懊惱，覺得自己很「平凡」，有什麼特別的？

我想跟你談談所謂的「獨特」，或「非凡」是什麼。

獨特和非凡，並不在於擁有什麼特別的條件。有人可能會認為獨特和非凡，來自於不同於一般人的優勢和條件，例如：ＩＱ很高、面貌很美、體能很佳，或是擁有很棒的家世背景，顯示他的身分特別。彷彿人必須要擁有別人所沒有，才能是獨特和特別的。

我認為，人之所以獨一無二，是因為每一個人存在於世上，絕對找不到另一個一模一樣的人。別人能模仿你，你也能模仿別人，但就是無法取代成為本尊。所以，一定有什麼是你無法被取代，或是他人無法複製為你的關鍵。

而這個關鍵，就是你與生俱來的「獨特」之處。

但是當你無法認出這份獨特時，可能會認為這份獨特之處是一份詛咒，或一份怪異，甚至是一份讓你生命感到痛苦的來源。

以我為例，我與生俱來有一份敏感，是對「受苦」或是「哀傷」情緒的敏感。可能不只是先天的基因，讓我對情緒的發生較為敏感，還有後天的塑造，讓我對於環境的變化及他人的反應，也非常敏感。

我的童年，由於父母親無法穩定擔任我的主要照顧者，於是我被置放在不同的家庭，由不同的人輪流照顧。童年不斷承受分離，讓我對分離有著莫名的恐懼，又有超乎常人的忍受度。

我不斷結束一個地方的居住，又換到另一個地方。當我還是孩子時，我是真的不明白，為什麼我必須居無定所地遷移。居住的地方並不是我的家，裡面沒有我的家人，只是陌生的人與屋子。我在裡頭經歷分離的痛，適應新環境的苦。在無數個忍受無至親在身旁的日子，我的心裡，彷彿被埋進了一顆「哀傷」的種子，我從小就與「哀傷」相遇、相處。

這是我獨特的生命經歷和獨特的生命故事，同時也創塑出我獨特的性情和環境敏感度。

但在成長過程，我極度厭惡那些遭遇及經歷。我認為，唯有生長在公共樣版的家庭（父母和孩子共組的健全家庭）才是正常，才是被社會接受的。所以我抗拒我是我，抗拒我的人生、抗拒我早年的命運，更抗拒因為這些經歷和背景，所塑造出的我。

我受「敏感」而苦，更厭惡「情緒」的發生和起伏。這些都似乎在告訴我：我不好、我沒用、我很糟糕、我不像別人一樣正常。

我想過許多方法想消滅自己，或斬除自己的敏感情緒神經。我認為這些敏感的情緒神經，只是惹麻煩的東西，我不僅無法擁有好的人生，甚至不斷受自己身上的這些「特殊部分」折磨，反覆受苦。

好與壞，並非絕對

後來，我不再陷落於自己身上的這份「獨特」，不再為其而苦，是因為這一份苦，成為我的生命養分，我也懂得將本來為苦的，化為能為生命帶來益處的面向。

這一切，都來自於先「接納」這一切的存在。對於不能改變的部分，學習以寧靜之心，接受它的不能改變。我的出生背景，我無法改變；我的父母親是誰，及他們的狀況，是我無法改變的；我的成長過程遭遇的經歷，形成我人生的一部分，是我無法改變的。這一些無法改變的部分，都成為我之所以是我的一部分土壤或種子，讓我的生命開出我本該開出的花朵。

於是，好與壞，不再那麼絕對。不是他人擁有的，都叫「好」，我所不能擁有的，都叫「壞」。好與壞，可能是一體的兩面，如光與暗，是一個事物的兩面。那麼，界定「好」或「壞」，是所站角度及位置，所看見的面向，而不是代表一種絕對的真理或標準。

創造及開展豐盛的價值

那本來視為「好」的，其實也會有屬於這一份「好」的限制及缺乏。而原本被視為「壞」的，其實也蘊含它所能創造及發展的契機。那麼，好壞的評價，就不是重要的，而是任何好的部分，都可能演變成壞的；而壞的部分，也可能演變為好的。

對我而言，敏感的情緒神經，讓後來成為助人者的我，開啟了特殊的頻道，去進入人的內在情感世界，與其情感共振同在，也與當事人有較為靠近的互動頻率。將同理心的能力真實地發揮出來。

當然，這一份開創，不是憑空而來，而是我花了非常多心力及時間，去學習人的情緒原理，及練習通透人的情感歷程。透過書寫、口語表達，描繪那些說不出的情緒經驗。我越能自我表達出情感，也越能理解及懂得他人的情感。我越能學會梳理情感，我在情感經驗的整理及處理上，也越能跨越過往的障礙及困難。

然後，在熟能生巧之後，這項才能成為我獨特的特質，與獨特的能力。

與生俱來的天賦，固然讓人欣羡，但與生俱來的天賦，並不會自己展現出價值，它需要發掘、雕琢、精緻化之後，透過後天的雕塑，令渾然天成的獨特之處更加展現出來。也讓這份獨特之處，有最適合的表現方式。不僅對自己生命的成長有益處，也有益於這個世界。

所以，我們都可以好好地發覺在自己身上的獨特寶藏。這份寶藏，或許因為過去長期以來，被否定，被認為怪異，或被視為麻煩及阻礙，我們都可以不那麼認定，不必然被那些既定的成見所束縛及貶抑。

你可能老被罵「慢」或「太細膩」，但是「慢」或「太細膩」卻可能使你成為一個精品工藝的創造者；你可能老被罵「過動」或「靜不下來」，卻可能使你成為某項體能表現的佼佼者；你或許老被指責「一成不變」或「沒創意」，卻可能使你成為最穩定的品管者或執行者。你可能老被罵「意見很多」或「很不合群」，你可能是很有能力成為社會改革者，或是監督者。

天賦，需要的是發展及栽培，而非被論斷及歸類「好」或「壞」。從古至今，被稱為傳奇及英雄的人，並非走一條人人都稱羨及追求的道路。反而是，他們知道他們曾經被社會歸類為怪異，或被主流社會評價放棄，但他們仍然**接受自己的獨特之處，接受這一份獨特生命的孤獨，沒有放棄成為自己**，也沒有停止將他們的獨特之處發揮在對自己、對人類有益處的面向上。

在成為自己及對人類社會有益處之間，他們找到了互惠的方式。

自我成熟的指標：自我選擇及自我承擔

我想，我不是沒有想做的事，或是想實現的夢想。

有時候，我會很想去闖一闖，很想要看看自己的能耐，可以在這世上如何存活。

但是，我又覺得擔心，怕不穩定，怕人家所說的那樣，是不是太衝動？會不會太不實際？是不是沒有顧慮到工作賺錢其實最重要，而且沒有什麼比有一份穩定工作更有保障？

但捫心自問，我想我是害怕自己的「失敗」。

如果，我為了證明自己可以實現想要的人生，為了實現想看見的自己，結果到頭來，卻一事無成，什麼也沒有實現，無法讓人肯定我的成就，那我一定會被當成「笑話」。

這種期待自己有所不同，又害怕自己一事無成的情緒，總是糾纏著我，來來去去在我腦海中擺盪。

有時候，甚至有一種想要消失在這世界的念頭。

如果「我」消失了，是不是這些困擾、煩憂，也都消失了？

親愛的，他人無法幫你過日子，從眾的日子，只能換來不被他人質疑或好奇的生活，卻無法真正讓你內心充實而滿足。

他人也無法確實感受到你的日子，究竟真實的相貌及處境為何。他人只能從表象，進行他個人的解讀及價值評價。

所以，你不需要為了他人的觀點及意見，而抹滅自己的想望及自我期許。

然而，實現自我的渴望及對生命的期許，並不簡單。在實現自我的過程中，每一個做過的選擇，往往都有需要背負的代價。所謂的代價，不是全好或全壞，而是好的、壞的影響，都會接踵而來。

沒有哪一個選擇，在選擇之前，你就能獲得確保；保證萬無一失、保證一本萬利、保證完美結果。那是人們不切實際的期待，同時也顯示自己內心的恐懼及脆弱：恐懼自己無力承擔選擇後的變化，深感對自己生命的責任無力承擔。

如果你怕無法承擔自己的生命重量，就會希望環境的他人都能依你的需求存在，並為你承擔後果。如果他人拒絕為你的選擇負責，也拒絕為你背負代價，你就可能怪罪他人的無情，及他人的不理會。

許多生命的處境，我們之所以無法為自己的選擇付出實際行動，那是因為我們心中仍有所依賴。也許依賴一份安穩的關係，也許依賴一份安穩的薪資，也許依賴一份安穩的職位及頭銜，也許依賴一份源源不絕的供應，也許依賴一份不會隨意消失的保護……

不論我們依賴什麼，都讓我們因此不需要選擇面對「未知」。當然也不需經歷各種挑戰及困難，不需歷經焦慮及不知所措的窘境。

即使，我們深知選擇過後的改變，和所必須經歷的冒險及挑戰，一定會激發我們學習不同的技能、拓展我們所接觸的範圍、增廣我們的所見所聞。但是，我們依賴的舒適環境，及依賴的舒適感覺，仍會讓我們習慣待在長期被豢養的方式及環境裡，放棄嘗試接觸「改變」的可能。

自我選擇及承擔，是生命成熟的鍛鍊過程

如果一個人一生中，都不曾經歷「選擇」，不曾學習適應「選擇」過後的改變，及學習承擔「選擇」的後果，那麼，這個人便無法真實地成長、真正地成熟。

因為成熟需要歷練自我承擔，也需要鍛鍊內在的承受力量。生命的成長方向，都是往能承擔重責大任的方向邁進。

世代的運行，是建立在能夠順利的一代傳承一代。原本軟弱無力、尚未有能力承擔責任的生命，在面對挑戰及困境的鍛鍊歷程中，激發及培養出勇氣、意志力、韌性，及

沉穩的承擔力。在累積生命經驗及智慧的過程，為將來的接棒做好準備。

對家庭來說是如此，對國家來說，也是如此。我們無論在私領域或在公領域，都是在接受培育，成為一個成熟、能承擔責任的生命。而非事事閃避，拒絕面對現實挑戰及困難，只求依賴在溫飽環境，放棄了個體生命的實現及貢獻。

完整地成為自己的過程，也是一路學會為自己承擔生命責任的過程。

許多人都曾在與我諮商的歷程中告訴我，難以做出選擇，因為無法思索出何種選擇，可以確保將來的美好結果。而所謂的美好結果，對大多數人而言，就是能確保未來能獲得主流價值認可的好結果：好的關係、好的成就、好的職位、好的學歷、好的發展、好的成果。並且，這些好的結果，為他們帶來成功，令他人欣羨或滿意。

如果，我們做一個選擇，沒有承擔非預期結果的勇氣，也沒有支持自己做出選擇的魄力，那事實上，我們很難做出選擇。因為我們只要「全好」的結果，拒絕接受「非預期」結果的可能。

可是，這個現實的世界，並非總能如我們心意地進行及發展，我們能盡己之力，卻不能控制世界及他人，一旦我們要求這世界都能盡如我意時，就是進入一個不合理的期待，不僅讓我們經驗到難以控制環境（包括他人）的焦慮感，更可能使我們強迫性的要求人、事、物，照著我們的規畫及意念進行。

儘管因極度焦慮，而強迫性地加以控制外在環境及他人，我們仍會發現，要所有情況都照我的意圖及規畫實現，仍是有所困難。可能還是會有些許落差，一些失誤，或是非預期的阻礙或意外。

因此，能承擔選擇的後果，便是連這些落差、失誤，及非預期的阻礙或意外，都一起承擔了。無論是什麼處境，什麼情況，因為都是選擇後的代價，那麼，就讓自己面對、了解、經歷、學習，妥善處理。

害怕承受失去，因此拒絕選擇

佛洛姆是世界著名的社會心理學家、心理分析師、哲學家，以及人文主義者。佛洛姆表示，在一個以「擁有」為取向的社會裡，人往往會以為，不論是人或是物，都是可占為己有的東西。一個人的幸福感，因此建構於能擁有「某某人」，或是占有、贏得物品，尤其在占有和贏得更多的物品之上。

佛洛姆指出，這個以「擁有」為中心的社會是不健康的，因為這幸福感將隨著失去某人，或在無法占有想要的物品時消失。人往往也因此而陷落，甚至精神崩潰。

在佛洛姆的觀點裡，他鼓勵人為自我存在的實現付出行動。但是，如果建立在獲得更多「擁有」的目的上，人與人之間的關係也將充滿敵對，因為人們以為，只有在超越他人，擁有比別人更多、更好的事物時，才能得到無窮盡的幸福。

這是一個謬思。只建立在「擁有」目的上的幸福人生，其實是將人逼到不斷競爭、努力、追求成功卓越的道路上。以為這樣才能獲取更多，再更多。但是，一旦有了失去、跌落，或是挫敗，我們就不視為這亦是一種人生經驗，需要去學習及經歷。反而因此貶抑自己、否定自己，然後經歷懊悔、焦慮、羞愧、憂鬱、沮喪等等情緒歷程，並加深自己是一個「失敗者」（Loser）的印記，更加恐懼下一次的失去及失誤。

為了避免下一次的失敗及挫折，害怕自己的落空和失去，人們因此拒絕嘗試任何體驗，也拒絕為自己做出選擇。因為在所有「選擇」中，都包含失去及落空的可能，你不一定能照著期待看到成果。於是，如果我們無法確定結果是我期待的，那麼我寧願不去嘗試、不去經歷。「選擇」也變得不必要。

有「選擇」，就有承擔。但是人們為了避免承擔選擇後的代價或是責任，便會拋棄個體自由意識的選擇自由。

無論如何，你都在選擇

人往往有一種傾向，這也是幼稚心智未轉化的現象，就是：我要做我想要的選擇，但是我希望他人來為我承擔代價與後果。

這種拒絕為生命的選擇承擔壓力及責任，不僅容易使自己聽命於他人，讓別人來負責我的生命責任，還容易讓自己陷落於不滿及委屈中（他人對我的安排總不如我意）。

這個現實的世界，沒有人會一直為了滿足我們的想要及需要，而始終存在、始終供應，並負責滿足。那是一個小小孩對父母是萬能且強大的想像，所投射而出的需求幻想。

當我們成年了，開始創造自己的人生，開始要實現完整「自我」，那麼，懂得為自己做出適當選擇，是必然的歷練。

為了真實成為自己，在面對許多選擇時，勢必會有與他人期待不同的時候。也可能和主流認同的價值相違背。如果我們內心只關注如何達成外在環境的要求及評價，那麼，我們的內心真實聲音，必然容易被消音，也會越來越微弱。

如此，內心支持自己的力量，也就無法強壯起來。我們從來不給予自己內心的聲音關注及支持，也不給予肯定及信任，當面臨到必須要有所選擇的時刻，我們便會因為內在的軟弱無力，及巨大的不安及恐懼，而背棄自己的聲音，「選擇」順應外界。

然而，就算我們順應了外界，認同他人的意見及價值觀，這也仍是一種「選擇」。當我們選擇背棄自己的內心聲音，選擇順應及配合他人的要求，這一份選擇，也是出於自己的意念。那麼，這份選擇的後果，仍是自己需要承擔的。而非在越來越累積委屈及不滿時，怪罪他人的控制及剝奪、漠視及脅迫。

當你懂選擇的重要性，也明白所有的決定，不論是順應他人或尊重自己，不論是保守不動或是冒險突破，不論是向左向右，你都做了「選擇」。於是，沒有什麼情況，能完完全全將責任歸咎於他人。

當我們迴避了面對自己的選擇，也否認自己也有需要負責的部分，那麼，我們便會進入無止境的受害者情結，一直找尋我們可以控訴及怪罪的對象。如此一來，我們便能把自己也需負責的部分掩藏及合理化，把自己「正確化」及「無辜化」。

這種否認自己有選擇權的認知，能讓我們一直處於「不需為自己生命負責任」的位置上，只要我們重複聲明：「當初都是你要我……」「當初都是你說……我才……」「當初我沒有想太多，都是聽你的……」放棄為自己思考，迴避為自己的選擇負起責任，一旦有所不滿或不符合期待，我們勢必會找到代罪羔羊，來指責及控訴。

但他人又豈會甘心樂意地接受指責及控訴？他人又豈會任由你的指控而背負這份罪過？

可想而知，我們的生命處境，會充滿混亂的情緒糾結，在相互控訴及指責中烏煙瘴氣。也進入一種各說各有理，卻無法對焦的不良互動中。

生命的方向，是要讓我們學會如何選擇，是有益於自己、成就自己。而不是找到他人來怪罪及負責。

我們無法如此要求他人，來背負我們的生命責任；如同他人無法要求我們，來背負他的生命責任。當你一廂情願地想解救他人的生命處境，在這段關係中，恐怕已進入「拯救情結」的漩渦。

拯救者，以為自己是超人、是強者，可以拯救人避免失落及痛苦的生命處境，而忽略自己的有限性及不可承擔之處。不僅混亂了人我關係的界線，也漠視了對方的能力及自我責任，自顧自地認為自己有責任讓對方開心及滿足。

然而，不出多久，「拯救情結」就會讓關係更加混亂，情感糾結拉扯，還有理不清的沉重壓力。累積到最後，布滿在關係中的是，茫然不知如何是好的無助感及疲憊感。

所以，沒有人真的可以為另一個人的生命負起全責。當一個人傾向否認自己有所選擇時，也迴避了自己對生命處境的選擇責任，沒有人可以始終存在，為其背負罪魁禍首的罪名。

在成長過程中，我們都需要認清，自己人生這一趟，走到最後一刻，真正能負責的，也給予交代的，只有自己。

你的情緒，需要你學會安撫及照顧

我以為，如果人生能一帆風順，照著自己的期許及渴望實現，就太好了，所有問題應該都沒有了。

可是，我也知道這是不可能的。

年紀越長，就越覺得，能掌握的事越來越少，什麼事情都充滿不確定，生活中，許多情況也總變來變去。

有時候，越想控制好一切如我期待，反而常常感到混亂。

總是越用力過日子，日子卻越讓人無力。

有時候，真的很難不沮喪，也會懷疑，究竟有沒有安心、安穩的時刻？

為什麼人生的路，這麼難？
究竟要如何做，才能真正徹底解脫沮喪感，及不斷懷疑自己到底是對還是錯的感覺？

親愛的，我理解那份沮喪及內心的混亂。總是越想擺脫什麼，就越難擺脫什麼。當你越想擺脫，就越覺得被捆綁。當你越想爬升，就越覺得無止境墜落。當你越想完美，就越看到自己的不完美。當你越想證明自己是正確，就越看到自己處處是錯誤。

你知道嗎？**你無法擺脫情緒的糾結，來自你「太想改變」**；想變得更讓人滿意及稱讚；想變得讓人欣羨及肯定；想變得讓人不再挑剔與否定。

如果，你可以停止對自己、對他人再用力期待及要求，放棄不知何時失去彈性的那份「要完美」的執著，接納現狀的現象與接受自己的呈現，那麼，寧靜會自然到來。

你的混亂情緒，來自你童年的正向情感經驗太少，擔憂、無助、恐懼，及孤單無依的感覺，讓你不斷忍受龐大情緒的侵擾。

情緒，對你而言，就像是風暴，也像是海嘯，總是席捲你，讓你動彈不得，任由摧殘及擺布。

你期望不到任何人，能發現你的無助及恐懼。大人們太忙，總有說不完的理由，把你放在最後的考慮裡。你像個「物品」，只能任由大人擺來擺去，好像只要有地方可以擺放你，就沒事了，其餘關於你的感受、想法，任何需要及渴望，都不重要，也不值得一顧。

所以，你要自己不再當小孩，小孩的狀態太無助與渺小，你強迫自己趕快長大，就能靠自己一個人行動，不要讓自己依賴任何人存活。

一個小孩，心中當然渴望有人依賴、有人保護、有人關愛，但怎麼也期待不到時，我們會讓自己心冷，消滅渴望的火焰，好讓自己不再期待，也不必失望。最後不論自己遭遇什麼，都不再有感覺，只有麻木。

然而，即使我們巴望著時間走快點，好讓自己快點長大，快點快點，快點快點，一直盼望著未來快來，但結果身體外型是長大了，內心深處卻始終封鎖著一個忍受孤單、無助、恐懼、挫折的小孩。

每種痛苦情緒，都有著被理解的需要

關於你的童年，除了恐懼與無助的情緒反應會自動冒出外，其餘的記憶，都只是空白。

成長的過程，因著與人認識及靠近，帶來傷害。數不清成長過程中，究竟遇到多少挫折與驚嚇，也難說清楚每次挫折與恐懼時，那些事件的始末。但情緒感受就是無法擺脫，一直翻攪困擾著你。

情緒感覺是日積月累的。曾經，一個個、小小的、沒有處理完整的情緒感受，會連結成一個牢固、難以改變的感受，並形成你對自己的觀感，及對相似情境的解釋。同時，也會成為一個負面情緒的按鈕，只要有所刺激，那個充滿毀滅性、爆發性的情緒，就會一觸即發。

當情緒轟隆隆地引爆，所有過程都讓人失去意識，無法知覺歷程中究竟發生了什麼。人，只剩下自動化反應，思考的能力，被拋在十萬里之外。

所謂的負面情緒，是一種界定及指稱，不意謂著負面情緒等於錯誤或是不該存在。諸如：憤怒、悲傷、無助與脆弱，都是人生裡必然經驗的情緒歷程。人生有悲有喜，有高低起伏，神不僅賜給我們歡笑，也賜給我們眼淚。若人生只該有歡笑存在，那釋放人類苦痛的眼淚，也就不需存在了。

過去，我們給予負面情緒太多批判，太多人唯恐自身帶有任何負面因子，遭來人們的厭惡與輕視。許多時候，我們的痛苦也多來自於此，不願意承認自己也有真實情緒。我們不願意讓人看出我們的脆弱、不好的一面，總要花許多力氣去否認自己具有這部分，極力想擺脫這些損及自尊與價值的負向感覺。

其實，我們是害怕不被尊重，與害怕自己被排斥，不值得人們愛。

許多人害怕負面情緒，因不能接受自己有這些感覺，而費了許多力氣，要把這些感覺丟掉，心裡根深柢固厭惡這些脆弱又無能的感覺，於是將自己膨脹起來，用誇大的強者姿態，去批評與指責周圍微小弱勢的人，以鞏固自己有能力與優越的形象。這樣，他會覺得沒有這麼難受，覺得自己的生命並非一無是處。

但我想告訴你，**能與負面情緒共處、能接納自己的灰暗面、能包容自己人生裡的低潮，是一種能力；很重要的能力。這能力比去說服自己「應該永遠樂觀積極面對人生」還重要**。因為人生有太多不確定的時候，你無法掌控該發生哪些事、不該發生哪些事，你也無法每時每刻都清楚知道，自己該做些什麼、能做些什麼。這些情況都將使你產生許多不好及不確定的感覺。

負面情緒和正面情感，都是環境與我們個體互動之後，回饋回來的訊息，為著要告訴我們互動的狀態如何？或者我們是否需要調整什麼？增強什麼？維持什麼？也有著被理解或被聆聽的需要。

特別是痛苦不安的情緒，都需要在對話的過程中，被懂、被聆聽，也被連結。當被懂、被聆聽，及被連結之後，我們的情緒便能獲得調節，不再緊繃，或淤積在胸口上，無法釋放。

理解及陪伴，愛你的情緒小孩

如果，你對情緒只是莫可奈何，忍受情緒衝擊及侵擾，以為風暴過了就沒事了，那麼事實上，你並沒有學會安撫自己，及照顧情緒。

無論情緒發生幾次，在你生命中如何反覆干擾你，你還是對它一無所知。你明明該是最認識你情緒的人，畢竟它在你的生命中，並不是似有似無的存在。你深刻知道它的存在，也體會過它的發生，更知道當它出現後，接下來會發生什麼事。然而，你仍然對它一籌莫展、無能為力、動彈不得，只是反覆忍受，或是說服自己它沒什麼。不然，就是任由它干擾自己，侵害別人。

你需要了解，當你知覺到你的情緒出現時，你的情緒，都猶如一個需要被照顧，及需要被陪伴、調節那些難受感覺的孩子。

這些情緒，都有著一個過去在你早年生命中，沒有被陪伴、沒有經歷到安撫的孩子，也就是童年的自己。

所以，請擁抱你自己，當你感到孤單時。請讓你的心、你的靈魂，可以靜靜安歇避靜，感覺安全安穩的依靠。此刻的你，不需要再拋出自己、漠視自己，也不需要再以顧慮他人為優先、為最重要的事。

你需要的是靜靜感受，沉穩地靠近自己多一些些。試著讓心柔軟，撫觸自己的情緒小孩，讓它感受到安心的陪伴。在安穩的力量中，你可以溫柔地撫慰與理解這一份孤單，或恐懼。

生命裡那些苦、那些痛、那些傷、那些為難，正因為好難完全被他人體會、理解及關注，所以，即便再沒有人懂或支持，也不放棄給予自己一份信任及理解。

當你真心願意負起照顧情緒的責任，情緒，才不會成為一個你避之唯恐不及的干擾及麻煩。

你一定看過嫌棄孩子是麻煩及問題的父母，他們與孩子的關係，肯定充滿矛盾、糾結及拉扯。關係，也勢必是衝突，不安穩的。

所以，若你只是嫌惡你的情緒，或是漠視你的情緒，置之不理，並且視為討人厭的麻煩東西，那麼，你與自己情緒之間的關係，也不會好。並且，常常出現內在的混亂，及癱瘓。

你要平穩，要內在的和諧，唯一的方式，就是好好學習照顧及安撫自己的情緒小孩。

好好學習與情緒相處，它是你的一部分

當你還小時，情緒總是快速來去你的內在，衝撞著你，或轟炸著你，你不知道為什麼情緒會發生，也不懂究竟那一團感覺是什麼。但沒關係，孩童的情緒太容易被轉移或受制止，致使你對情緒總是一知半解。

但現在你已成長，正在邁向一個成熟的個體，學習成為真實的自己，那麼情緒的來

去，你可以有能力了解，可以回到內心，找尋過去相關的情緒記憶，連結並發現隱含的癥結。你也可以在創作上面發揮，將情緒昇華，化為美麗的事物，表達出來，分享給這個世界，讓許多人感受及感動。

情緒，要成為你的敵人，還是要成為你的盟友，甚至生命的親密夥伴，端看你的態度。你是否能成為自己與情緒之間的和平使節？是否能幫忙自己與內在的情緒，承諾一份不再內戰、內亂的關係？

永保和平的承諾，是告訴自己的內在：「無論如何，我都願意學會認識我的情緒，學會懂我的情緒需求，學會了解自己需要的安撫是什麼。我會停止評斷情緒的好壞，停止指責或羞辱情緒的發生，也停止以傷害自己、傷害他人來平息情緒的痛苦。我會好好負起照顧自己情緒小孩的責任，懂它、愛它、接納它，同時以對話的方式，陪伴它、調節它。」

創造新自我的第四天・總複習

每個人生命的天賦，關鍵在於你與生俱來的「獨特」之處。但是，當你無法認出這份獨特時，可能會認為這份獨特之處是一份詛咒，或一份怪異，甚至是一份讓你生命感到痛苦的來源。

與生俱來的天賦固然讓人欣羡，但與生俱來的天賦，並不會自己展現出價值，它需要發掘、雕琢、精緻化之後，透過後天的雕塑，令渾然天成的獨特之處更加展現出來。也讓這份獨特之處，有最適合的表現方式。不僅對自己生命的成長有益處，也有益於這個世界。

如果一個人一生中，都不曾經歷「選擇」，不曾學習適應「選擇」過後的改變，及學習承擔「選擇」的後果，那麼，這個人便無法真實地成長，真正地成熟。

完整地成為自己的過程，也是一路學會為自己承擔生命責任的過程。

在我們生命成長的過程中，一定會有情緒為伴。你需要了解，當你知覺到你的情緒出現時，你的情緒，都猶如一個需要被照顧、需要被陪伴調節那些難受感覺的孩子，那個過去在你早年生命中，沒有被陪伴、沒有經歷到安撫的孩子。

生命裡那些苦、那些痛、那些傷、那些為難，正因為好難完全被他人體會、理解及關注，所以，即便再沒有人懂與支持，也不要放棄給自己一份信任及理解。

當你真心願意負起照顧情緒的責任，情緒，才不會成為一個你避之唯恐不及的干擾及麻煩。

能與負面情緒共處、能接納自己的灰暗面、能包容自己人生裡的低潮是一種能力；很重要的能力。如此，我們才能與情緒有和諧平穩的關係，並且能夠更照顧好自己，好好支持自己。

請在第四天，寫封給自己的信，真實地與自己對話，聆聽自己的聲音：

關於你發現的生命天賦，也就是你獨一無二的所在。

如果不以「好」「壞」的二分法去標定自己的生命價值，你重新看見自己的獨特天賦是什麼？

為了讓這些天賦成為你生命的有益發展，你所需要做的選擇，及選擇後需要承擔的責任是什麼？

你會如何與內心的自己連結、對話、建立信任的關係？

特別是哪些情緒感受，你發現了它們的存在，也需要持續學習與其相處？

親愛的＿＿＿＿＿＿

新自我誕生曼陀羅

第四天——「塑」

你的生命有光亮面，也有黑暗面。
但無論是在光處或暗處，
你都感覺到自己如閃耀的光體，
在這宇宙，存在。
你的存在獨一無二，沒有複製、沒有雷同。
當你的生命誕生，生命就已蘊藏一份美好，
如一份寶藏，早已內建在你的生命中。
透過你的發掘、你的自覺，
你真實地領悟這一份美好的生命價值。
在那一刻，你會真正知道，
你之所以是你的原因。
你會看見你的生命光芒，
無可掩藏，無可取代。

創造你的新自我

第五天

關係建立・人際連結及互動・社會參與及關懷

神說，水要多多滋生有生命的物，

要有雀鳥飛在地面以上，天空之中。

神就造出大魚和水中所滋生各樣有生命的動物，各從其類。

又造出各樣飛鳥，各從其類。

神看著是好的。

神就賜福給這一切，說，滋生繁多，充滿海中的水。

雀鳥也要多生在地上。

有晚上，有早晨，是第五日。

《聖經》〈創世紀〉1:20-23

沒有人能單獨活著：學習建立真實關係

我總是覺得很矛盾，一個人時，覺得孤單、寂寞，所以總是想要隨時有人在旁邊。

但是，真的有人在身旁，又覺得相處起來好累，好多困擾。

我常常不知道該如何和人相處，特別討厭那種無話可說，或是話不投機的感覺。

我也不太敢真實地表達自己的意見，很怕表達之後，不是被否定，就是被取笑。

所以，我總是說：「沒意見，都好。」

而我想，我的意見或看法，或許根本沒有人真的在乎或關心。反正從小到大，在大團體中，我本來就很容易被忽略，也不會被詢問看法或意見，只要配合就好了。

也好，只要配合，不需要承擔什麼責任或壓力。我想，若是表達意見了責任搞不好都落到我身上，我無法承擔的話，也是很困擾。

我會羨慕一些看起來很有自信的人，不懂為什麼他們可以這麼充滿自信？

我也喜歡有主見的人，有主見的人，看起來都好有內涵，好有思想。

我覺得自己什麼都沒有，才會這麼容易被忽略吧?!

有些人的樣子，權威、嚴肅、嚴格，我看了就會怕，只想和他們保持距離，更別說和他們互動了。所以，生命中那些我無論如何都不想與他們有關係的人，能離多遠就離多遠。

我不知道這樣是不是很封閉？

我只知道，面對不喜歡的人，能迴避就迴避吧！除非確定他們是友善的、不會傷害我的，我才可能慢慢地打開心，去認識他們。

但算了，縮在自己的小天地就好，外面的世界，真的太複雜了。

親愛的，我知道，與人互動確實不是容易的事。尤其是真實的互動。因為，接觸，往往包含著危險。

所以我們會預設結果，假設可能會發生的情況，然後，阻止自己去真實接觸、真實與他人互動，也阻止自己去發展與人維繫關係的能力。

這種恐懼及挫折感，我明白很不好受。在人群中，全身都緊繃著，胃部頻頻作嘔，心跳加速到就像要跳出來了一樣。

可是，即使我們深知與人互動的不容易，有時候，還是真的很想把自己從人群中隔離，不要再面對來自人的風波或情緒糾結。但身為人，我們活在這世界，就不是單獨的存在。我們是群聚的動物，勢必要與人同在、連結，相互幫補及支持。也透過投入社群，才能從中看見自己存在的意義。**「存在的意義」並不是單獨一人就能實現，而是透過人際的參與及互動，才能被彰顯出來**。

即使困難再多，懂得如何人際互動，懂得如何和不同的人相處，絕對是人生歷程中需要的學習。

個體心理學創始者，著名的心理學家阿德勒曾說：「人面對生活的各種問題準備不夠時，會引起一千種不同的形式，表露心靈與身體的自卑感與不安全感。」而這些自卑感與不安全感，會使我們懼於參與社會，形成「社會興趣缺乏」。

自卑感，會造成我們內心強大且沉重的壓力，阻隔我們與人群的真實接觸。自卑感，恐嚇我們必然會在社群中遭遇失敗、嘲笑及唾棄，而自卑情結讓我們深信自己的劣勢及不堪。再加上不安全感的侵襲，人及社群成為會攻擊我們、讓我們畏懼的來源。

如果，我們懼於與人接觸，我們必然會失去學習與不同人相處的經驗。若我們不是透過真實接觸來認識人，並摸索和人互動的方式，我們與人的關係之間，必然處處皆有投射的發生。

所謂投射，是個體所認知的觀點或判斷，並非來自真實互動經驗下的感受及體會，而是將自己過去的經驗，形成主觀資料，投影在外界對象上。特別是主觀的情緒特徵、主觀的需求，或主觀的判斷，是最容易被投射的。

投射，阻斷人與人的真實接觸

例如：當你很喜愛一個人時，你至少可以從中覺察兩個發現：

一、這個人身上有與你相像的部分，你看見他的存在，看見了自己喜歡自己的部分，所以連結了這份情感，肯定他、支持他（這是「認同自己」的投射）。

二、這個人身上有你渴望擁有，卻還未實現的自己的樣貌。你看見他實現出來了，所以你視他為典範、為模式，以他來激勵自己，要實現這些面貌（這是自己對於「理想我」的投射）。

相反的，當你很痛惡一個人時，你至少還是可以覺察兩個發現：

一、這個人身上有與你相像的部分，你看見他的存在，看見了自己討厭自己的部分，所以連結了這份厭惡，你排斥他、想消滅他，就如同你厭惡自己（這是「拒絕自己」的投射）。

二、這個人身上有你強烈拒絕及切割的樣貌，你要自己不能成為這種人，卻看見他實現出來了，還不客氣地表現，不加以掩藏，所以你視他為邪惡、該唾棄的人，並以他持續訓誡自己，絕對絕對不能變成他（這是自己的「內在黑暗」，不敢直視及承認部分的投射）。

這些情況，無論是對伴侶、親子，乃至一般人際關係，都會發生。因為這些投射及移情，人類的關係才會複雜而糾結。

而當我們是一個成熟的成人時，我們不再將人完美理想化，也不將人妖魔瑕疵化。因為人都不會是完美的，每個人身上都有光亮處，也有陰暗處。我們接納自己身上的光和陰影的存在，也就能接納他人光和陰影的存在。

把自己和他人還原為「人」，不再過度想像他人的強大，才不會過度將自己矮化及弱化，始終認定自己的卑微及渺小，我們才可能如實地活著，安心做自己。如果連自己都無法好好看見自己真實的存在，又有誰會看見我們的存在呢？

投影，讓我們分不清真偽

但是，還原他人及還原自己，都不是容易的事。過去的生活經驗，總是根深柢固地形成我們對一些人、一些事的看法，很難鬆動、很難改變。

還原他人為一個「人」，及還原自己為一個「人」，「生命」對「生命」。雖然理智上我們都明白，也都認為這是一個事實，但是在情感上，我們卻很難這麼相信及接受。

例如：有些人，不管怎麼看別人，別人都巨大得猶如巨人或強人。或是怎麼看別人，都認為別人都凶神惡煞，令人恐懼。而他怎麼看自己，即使年齡再大，仍是一個手足無措的小孩，或是害羞無助的弱勢者。

也有些人，不論怎麼看別人，都將別人看為「機器」，不認為別人有感覺、有想法，也不認為別人會累、會有限制，總是無止境地要求，期待。或是反過來，將自己看為「機器」，不認為自己有感覺、有想法，不認為自己會累、會有限制，總是無止境地因應要求，期待。

所以，我們在一段與人互動的關係中，可能都不是與對方真實地認識、相互了解及互動。而是以我們認為的劇本，將對方放進劇本中的角色位置，自顧自地演出所認為的情節，未經對話溝通、核對、澄清，就認定對方是什麼樣的人，而我該怎樣反應。

過去經驗所累積的判斷及觀點，很快地成為我們人際上的參考，甚至認定了情況一定是如何，而拒絕確認、拒絕澄清。之後，單方面開始了一連串劇情編寫，也啟動自己的反應模式——無論是防衛、攻擊、迴避，或是追討。

失去與現實的連結，讓我們常常投影過去的影像（人物、面容、情節）在現在的情境中。一些他人的話語、他人的神情、他人的反應，會毫不遲疑地刺激我們心中的地雷，觸動我們的警備神經，告訴我們「又來了」，像過去一樣，難堪、羞辱、責罵、不滿意、挑剔、拒絕、輕視、不尊重、控制、壓制……又發生了。

於是，我們無從與對方建立關係。對方已經被認定了意圖，被標籤評斷，也被解釋了行為。接下來，我們就離開了所謂的「真實」。真實已不復存在，因為你已不是活在當下的真實接觸中，而是被過去的記憶漩渦席捲，跌入過去的恐慌及挫折中，憤怒，哀傷，或混亂。

建立真實關係，從認識自己、認識他人開始

要與人建立真實關係，需要懂得每個人都是不同的。即使外貌或外在行為相像，但沒有人可以完全被複製，也不可能完全一樣。當我們被過去的經驗框住，我們就失去摸索新經驗的空間。所有的經驗，都會成為過去的複製及重演。

而認識他人，要從認識自己開始。一個人越懂自己，就越能懂他人的不同。不會只是用自己的觀點及想法，認定他人應該照自己的期待表現，也非由自己解讀就認定。當你越懂自己的獨特性，便會明白，他人也是獨特的。如果真心要認識他人，我們需要抱著「未知」的態度，才真的可以聆聽他人、理解他人，進一步地真實認識他人。

但是，一個人若不認識自己，不明白自己的獨特（包括情緒與認知歷程），似是而非地把他人的觀點及解讀認同為自己的，他就會時常混淆什麼是「自己的」，什麼是「他人的」。甚至，把他人的觀點及情緒，認同為自己的；又把自己的觀點及情緒投射為他人的。

真實的關係互動，必有當下真實的互動現象。每次當下的互動，都有「我」和「你」的反應。而所有反應，都包含著個體（無論是自己或對方）的過去經驗累積、習

性、人格、情緒狀態，及認知思維模式。所以，不是我怎麼想對方，對方就如同我所想一樣。

在建立關係過程中，要保持空白空間，慢慢接觸對方，理解對方這個人的人格特質、表達特性、情緒及認知模式，還有人我關係所需要的界線。

並且，讓彼此真實地存在。不是自顧自地說話、自行解讀，卻不聽他人回應或表達。這是目前許多人在人際關係中最常出現的情況，自演獨腳戲，卻不是邀請其他人，一起在互動中真實存在。

與世界連繫：學習真實人際互動

即使，我知道過去或許很影響我的知覺，但你不覺得，與人互動真的很麻煩嗎？

人，哪有真心的？

這世界充滿了競爭，如果你爭不過、爭不到，你就什麼都不是，一點兒價值都沒有。

這社會很殘酷，許多人都是用頭銜、用條件、用身家背景，來評估要不要把你當一回事。

大家都是以利益在看彼此，如果你沒有利用價值，好似你在社會上就沒有存在的價值，也沒有必要和你有關係。

為什麼人與人之間的相處，不能真誠點呢？為什麼相互利用，又相互虛偽呢？

我覺得這世界，根本有太多情況令人無能為力。有權勢的人，始終有權勢；弱勢的人，持續弱勢，讓人欺負。

這社會的人，總是仗勢欺人，哪有什麼公平正義？活在這社會，就是要認同那些踩在人頭上的競爭方法，否則，就只能被踩。

我知道，或許我有些憤世嫉俗，但我真的覺得這社會讓人太沮喪，也太恐懼。

或許在這個社會，我永遠都適應不了。

親愛的，我能明白，這社會真的有許多情況，讓我們沮喪與無力，或是疑惑。

我們確實不明白，這社會怎麼會如此不單純？總是會發生讓我們意料不到的事，許多讓我們震驚、恐懼、無能為力的情況持續發生，迫使我們對社會無感或冷漠。

這樣的世界，可能與我們腦袋中所認為應該的世界差很大，也與我們理想中的世界截然不同。然而，世界從來不是活在某個人的腦袋及想像中。世界，是真實存在的變化歷程。而變化，來自互動、來自影響、來自效應。

所以，世界不是「死」的，也不是「固態」的，只單方面地由人去定義它、認定它。

這世界的一切變化，都有我們每個人的作為及思想在其中，每個人時時刻刻都在拋出訊息給這個世界，也在接收這個世界拋來的訊息，沒有什麼時候只有單一方的影響。即使是一個沉默的人，都在釋放非口語的訊息給這個世界。

所以當我們說這個世界殘酷無情時，或許也正意謂著，我們需要這世界更多的給予及等待。當我們說這世界複雜現實時，正意謂著，我們拒絕承擔更多屬於成人的責任，及需要歷練的學習。

我們的眼睛長向外，所以時常看不見自己的行為和表情、忽略自己的所言所行，所產生出的影響力，卻容易將別人的行為和表情記牢，並且放大檢視。

一個人如果沒有自覺的能力，就像沒有鏡子可以看到自己，自然就會將一切的問題根源都指向周遭、指向他人、指向世界。而忘了看看自己的狀態，及我們自己做了什麼。

而真正修整自身的人，是懂得往內看的人，能端詳自己的行為、內在狀態，和對外界的影響。懂得清理自己的內在，便不會總是花力氣和花時間去修整他人，或抱怨看不過去的人、事、物。

許多時候，陰影及黑暗就在我們的內在，而不是在外在的世界。心裡若沒有鬼魅或冤魂，沒有憂鬱及沮喪，又豈會覺得身邊到處是鬼魅，覺得被黑暗緊追不捨？

我們無法自重，就會覺得他人老是不尊重我；我們無法愛自己，就會覺得他人都不愛我；我們無法對自己友善，就會覺得他人都在霸凌我；我們無法對自己寬容，就會覺得他人都在苛責我；我們無法對自己欣賞，就會覺得他人都在嫌棄我……

鬼魅在你的內心黑暗處，如果我們遲遲無法自覺，即使我們消滅了全世界的異己，內心也無法有真平安、真寧靜、真穩當，並且始終與這世界保持敵對、失衡的關係。無論所遇見的對象為誰，終究會將對方放進我們心中要攻擊或遠離的位置。也認定了這世界的不善和危險。

然後，拒絕了參與這個世界。把自己從世界中，隔離。

參與世界，從自卑中將自己解放

阿德勒曾經說過，當一個人的世界活在孤立中，回顧這個人的過往，便會發現他們因自卑感而發展的優越情結，使他們走向一條對世界，也對自己無益的道路上。

如此說來，在我們拒絕這個世界之前，自卑早已先存在在我們的心中、我們的靈魂中。

因為自認為沒有能力、沒有成就、沒有價值，自慚形穢地認為自己不會受世界尊重，也不會受世界肯定。於是，將自己歸類為無法在世界生存的敗類，但同時又不甘被視為敗類，不願承受身為敗類的羞恥感，所以形成了對外在世界的攻擊與指責，抱怨這社會或世界的欺壓及忽略，還有，這世界的辜負，懷著恨意。

然而，當生命力氣都花在指責和怪罪上，又哪來力氣好好建立自我價值？又哪來力量扎實地建造自己的尊嚴？

當你真的肯定自己的價值，有了自己的尊嚴，那麼他人的停留或離去，才不會變成致命的毀滅。無論他人停留或離去，你仍然與這世界共存共在，這是任何人都不能剝奪的。除非你自己剝奪。

所以，即使有人離去，有人不再為你停留，仍有新的關係可以嘗試建立，也有新的歸屬值得探尋。因為這世界很大，你未接觸及真正探索的世界角落，其實還很多。只是我們的恐懼及自卑，會把自己的觸角縮小，把自己的移動，限縮在一個極小的範圍裡。

這世界，歡迎我們接觸及參與。最怕的是自己嚇自己；或是恐嚇及威脅自己，這世界不歡迎你、不接受你，也處處否定你。當你這樣認定時，即使事實是，許多歡迎你的訊息正釋放給你，許多對你的肯定正表達給你，許多接納你的善意正傳送給你，你卻無動於衷，因為你的內在，早已被那些恐嚇及威脅占滿，認定這世界只有攻擊及否定，輕視及敵意。

解放自己，離開自卑的挾持。自卑下的自我設限，不僅讓我們恐懼這世界的拒絕，也恐懼與這世界真實接觸。但是，越恐懼，我們越活在想像中，也活在自我中心的解讀中，而不是更認識世界，也了解世界。如此一來，這世界，只是持續成為讓我們挫折及沮喪的來源。

高爾頓．奧爾波特（Gordon Allport）的人格特質論認為，具有健康人格的人，是成熟的人。成熟的人有七項標準：一、專注於某些活動，在這些活動中是一個真正的參與者。二、對父母、朋友等具有顯示愛的能力。三、有安全感。四、能夠客觀地看待世界。五、能夠勝任自己所承擔的工作。六、客觀地認識自己。七、有堅定的價值觀和道德心。

做為一個成熟的人，我們能從家庭這個微小世界，走向學校學習歷程，再走入社會，與更大的世界連結。在連結中，投入個體的生命行動力及影響力，參與社會。不漠視自己的存在，也不漠視他人的存在。

當我們只活在自我中心的局限裡，世界必然成為我們陌生的對象。我們不是直接參與、發現與經驗，而是不停地尋找證據及線索，驗證自己的認為，好將真實世界排除在個人既定世界以外。

要真實認識世界，與世界連繫，便要從參與社會開始。沒有社會關懷的意願，不懂關切他人的需要，將使我們持續在封閉的孤立狀態中。有心貢獻生命力，有意願參與社會，我們才能將生命付出在有益處的面向上，更多的發揮及啟發。

健康活著的指標：社會參與及社會關懷

說到我們生活的社會，每天都讓人覺得烏煙瘴氣。新聞事件總是告訴我們這社會有多亂、有多麼可怕，傷人、搶劫、侵害、詐騙，這些壞事，每天都上演。

我們的社會，值得人期待嗎？值得人參與嗎？

我知道有段時間，我對社會感到憤怒，也感到挫折，什麼樣的價值觀都有，讓人覺得混亂，沒有秩序與邏輯可言。

一切都像在崩壞中，讓人覺得所有努力並不會帶來希望，只是更多的未知，更多的難以預料。

「好人有好報」是真的嗎？為什麼這社會越是霸道的人，越是什麼都行得通？

越是強勢不講道理的人，道理好像越是站在他那邊？

是不是也用那樣惡意、強勢、攻擊的方式，在社會盡做些不顧他人感受的事，就什麼都不用懼怕？想怎麼樣就能怎麼樣？

親愛的，我們確實活在一個充滿衝突、對立、不穩定狀態的時代。人與人相處最基本的相互尊重、不剝奪權利及主體自由的態度，在這個時代，卻成了失去準則的任意而為。「尊重」消失了，幾乎人人都在倡導自己的權利及主體自由，卻忽略及漠視他人的權利及主體自由。

「自尊」在長期被漠視及壓迫的情況下，在現代反彈出誇大的姿態，成為「自大」。因為害怕自尊的損傷、害怕自己被漠視，於是無時無刻高舉自己的「自尊」，神經質地敏感他人的迫害及辜負，並且時常以各樣證據，來證明自己的受損及被傷害。

這並不是說，迫害及傷人自尊的事是正當的，但也絕非誇大地指稱他人的微小疏忽是天大的傷害。將那些我認為對不起我的人罪惡化，放大他人的所言所行，來博取他人認同及聲援，這樣的刻意操作，已經使得我們社會進入一個相互不信任，也相互誇大對方疏失的社會。

人人都自認為正確，不加以反思，反而第一時間先指責外在他人的錯誤。彷彿只要不斷指證他人的錯誤，就可以強化自己的正確及無辜。如此鞏固自我尊嚴及尊貴性，卻忽略自己正在塑造一個唯我獨尊的思維，壓迫及貶抑他人的尊嚴和存在價值。

有一回，我在馬來西亞吉隆坡帶領工作坊時，曾有位成員在團體中做了以下的分享，我很喜歡他的這段分享。

他說：「這個世界並不完美。如果我們要抱怨這個世界，我們不會找不到東西抱怨，抱怨天氣、抱怨路況、抱怨走在前面的人、抱怨身邊的親友、抱怨店員……抱怨任何我們看不過去的東西。然後，我們一整天都會陷落在「抱怨」的情緒中，完全出不來。也難以適應我們所處的環境。但是，現在我選擇不抱怨了，因為這世界本來就不是完美的。有太多可以令我們沮喪及難以接受的事。我現在選擇看自己手上可以做的，能產生多少影響就是多少影響。不小看自己，也不誇大自己，而是看見自己手上的力量，以及可以繼續付出及投入的事。也許，一時間看不到成果，也可能我都看不到，但是我若知道那是正確的，那麼有一天，那一份影響，一定會實現屬於它的好影響。」

這一段話讓我有感。**我們要將力量放在哪裡，是我們可以選擇及決定的**。我們要關注在哪一個面向，是我們可以移動的。《聖經》〈詩篇〉中說：「你的日子如何，力量就如何。」而我延伸說：「你如何使用你的生命力氣，生命就會回饋什麼樣的力量給你。」

你排斥了這個社會，這個社會也會更排斥你；你拒絕參與這個社會，這個社會也會拒絕你；你遠離了這個社會，這個社會也遠離了你。

但是，人並不是獨居的動物，我們需要連結和關懷。連結，讓我們有情感的交流；關懷，讓我們的內心有了溫度和愛。

艾瑞克森（Eric H. Erickson）曾在其心理社會發展論中指出：「人在成長過程中，與外界相互需要，沒有與社會的互動，我們也難以獲得發展及成長。」個體發展及成長，都與社會脫離不了關係。只想把自己封閉在一個人的孤立空間中，無疑拒絕了刺激、拒絕了思考、拒絕了互動，也拒絕了情感交流。

這樣的一個人，他將不認識自己是誰，也不知道他所處在的世界，是什麼樣的世界。當然，也無從了解自己在這個世界的位置與存在的意義。一切，都會成為一種虛無和空洞。

拒絕參與社會的人，沒有能力對社會表達關懷的人，你仔細觀察，他的生命不會有真實的價值感及意義感，也不會有實在的自我滿意和自我肯定。

取代的，是與這社會的疏離感，和對環境的漠視。

與社會疏離，人不會有真幸福及充實

人的發展，是具有社會性的。若沒有與社會互動，我們就無從學習個體如何在社會運作，及如何獲得社會接受。

一個人失去與社會互動的機會，必然有許多能力無從學習及發展。包括：溝通、協商、協調、合作、配合及領導。一個人生命的潛質，更是需要透過參與社會的過程得到啟發及運用。

透過社會上許多人的賞識，或給予機會，我們才有機會實踐自己。即使，有需要摸索及練習的時間，只要我們能從中累積解決困難、處理問題的機會，我們必能從中更加的認識自己的能力。

反之，如果我們持續因為不想面對不熟悉的無助感，逃避必須摸索與學習的過程，以為追求了安適感，到後來，會發現我們錯過了許多機會，從經驗中認識自己、懂自己的才能。也會徒留許多遺憾和錯過的感覺，覺得自己一生失去了許多機會發展及成長。

在我們追求個人生命發展及成就的過程裡，只要一切努力是為了追求有用（有功能）的事物，我們的價值觀就不會偏差。阿德勒認為：人在克服自卑的過程中，在乎自己之餘如果也能關心他人，終能圓滿解決生命中的問題。

阿德勒認為，生命問題無法順利解決，是由於社會興趣不足，也就是關懷社會的情懷過少，停留在自己的注意力過多，而無法形成同屬一體感（也就是失去社群連結）。這樣的情況下，個體的心理及生活都會停留在無益面向，生命也將累積空虛、一事無成、力不從心的諸多負面自我評價及感受。

所以，與社會疏離，對社會排斥及封閉的個體，他也無法在和社會的互動，及相互影響下，感受到對自我生命的滿足及滿意。

健康的成人，有參與社會的權利及能力

即使我們人生會遭遇失落、跌宕、打擊，也會面臨許多困難及苦難，但健康的自我，在意外失喪及患難之後，可進行自我修復及療癒，也能從經驗中獲得更多智慧及能力，使之貢獻給社會，成為社會的一股力量。

自我若是成熟穩健，雖有一時的挫折及損傷，但我們會發現，個體仍會從跌落中，慢慢俱足內在力量，在「自我」有所修復後，再度融入社會、參與社會。甚至成為社會改造的影響力。

人活著，脫離不了社會。與其對社會保持距離，不如和社會建立良好互動的關係，讓魚幫水，水幫魚，一起在自然的生態中，相互支持，相互激勵及提升。

創造新自我的第五天・總複習

身為人，我們活在這世界，從來不是單獨的存在。我們是群聚的動物，勢必需要與人同在、連結，相互幫補及支持。透過投入社群，才能從中看見自己存在的意義。

「存在的意義」並不是單獨一人就能實現，而是透過人際的參與及互動，才能被彰顯出來。

懂得如何人際互動，懂得如何與不同的人相處，絕對是人生歷程中需要的學習。

世界不是「死」的，也不是「固態」的，只由人單方面定義它、認定它。世界的一切變化，都有我們每個人的作為及思想在其中，每個人時時刻刻都在拋出訊息給這個世界，也在接收這個世界拋來的訊息，任何時候都不會只有單一方的影響。即使是一個沉默的人，都在釋放非口語的訊息給這個世界。

當我們說這個世界殘酷及無情時，或許也正意謂著，我們需要這世界更多的給予及等待。當我們說這世界複雜及現實時，正意謂著，我們拒絕承擔更多屬於成人的責任，及需要歷練的學習。

如果迴避與外界互動，也漠視自己身處社會中關注他人及外界的需要，我們就難以獲得發展及成長。

個體發展及成長，都與社會脫離不了關係。把自己封閉在一個人的孤立空間中，無疑拒絕了刺激、拒絕了思考、拒絕了互動，也拒絕了情感交流。

這樣的一個人，他將不認識自己是誰，也不知道他所處在的世界，是什麼樣的世界。當然，也無從了解自己在這個世界的位置，與存在的意義。

要真實認識世界，與世界連繫，便要透過參與社會開始。沒有社會關懷的意願，不懂關切他人的需要，將使我們持續在封閉的孤立狀態中。有心貢獻生命力，有意願參與社會，我們才能將生命付出在有益處的面向上，更多的發揮及啟發。

自我若是成熟穩健，雖有一時的挫折及損傷，但我們會發現，個體仍會從跌落中，慢慢俱足內在力量，在「自我」有所修復後，再度融入社會，參與社會。甚至，成為社會改造的影響力。

人活著，脫離不了社會。與其對社會保持距離，不如與社會建立良好互動的關係，讓魚幫水，水幫魚，一起在自然的生態中，相互支持，相互激勵及提升。

請在第五天，寫封給自己的信，真實地與自己對話，聆聽自己的聲音：

關於與人互動的現象，你是否發現各自真實存在的主體？

是否能感受到雙方都真實存在於關係中？

回顧你的人際互動經驗，你怎麼認知外界？

與世界連繫的過程，是挫折，還是感受到自己的能力？是如何發生的？

在參與社會的過程，你是否找到自己擅長的活動，願意投入及參與的領域？

那是什麼樣的過程？你從中發現及體會到了什麼經驗？

請好好說給自己聽，也讓自己從中再一次反思自己與社會及外界的關係。

親愛的__________

第五天——「絢」

當你真正讓自己活在這世界，
你的絢爛與光彩，將無與倫比。
人活著，脫離不了與世界的關係。
這世界，包含著你的存在，才是完整的。
與其和你所生存的社會保持距離，
不如與社會建立良好互動的關係，
如魚幫水，水幫魚，
一起在自然的生態中，相互支持，相互滋養及提升。
讓這世界，因你的參與，更美好；
也讓你的生命，因世界的參與，更豐富。
讓生命萬物的共存共容，
連結成我們的大千世界。

創造你的新自我

第六天

學習與分享・實現生命理念・成就自己

神說，地要生出活物來，各從其類。
牲畜，昆蟲，野獸，各從其類。事就這樣成了。
於是神造出野獸，各從其類。牲畜，各從其類。
地上一切昆蟲，各從其類。
神看著是好的。
神說，我們要照著我們的形像，按著我們的樣式造人，
使他們管理海裡的魚，空中的鳥，地上的牲畜，
和全地，並地上所爬的一切昆蟲。
神就照著自己的形像造人，乃是照著他的形像造男造女。
神就賜福給他們，又對他們說，要生養眾多，
遍滿地面，治理這地。
也要管理海裡的魚，空中的鳥，和地上各樣行動的活物。
神說，看哪，我將遍地上一切結種子的菜蔬
和一切樹上所結有核的果子，全賜給你們作食物。
至於地上的走獸和空中的飛鳥，並各樣爬在地上有生命的物，
我將青草賜給牠們作食物。
事就這樣成了。
神看著一切所造的都甚好。
有晚上，有早晨，是第六日。
《聖經》〈創世紀〉1:24-31

人的發展及成熟，從學習及分享而來

生活那麼多困惑，那麼多壓力，都快因應不了了，根本連想人生到底要什麼的空間都沒有。

應付生活讓人煩躁，窮忙瞎忙，不知道究竟在忙什麼。

生活的目的是什麼？我能有什麼不同的人生嗎？

我好羨慕有些人總能氣定神閒地處理事務，如果事情臨到我頭上，我就感覺到焦慮、不安，覺得心臟都要跳出胸口。

生活諸多的問題，總壓得我喘不過氣來，財務問題、住宅問題、升遷問題、生涯規畫問題，還有逃避不了的家庭問題，生活真是充滿了問題。

許多問題，都不是短時間有解決辦法的，只能承擔、承受。

而且，我的日子根本不可能停歇片刻，一停下來，所有的開銷、所有家庭的需要，就會出現困難。

我的不安全感也會一直警告我，如果沒有一直保持工作賺錢，沒有確定生活有收入，我就會成為累贅，未來也會失去保障。如果過得很狼狽、很可憐、窮困潦倒，那活著還有什麼尊嚴？還有什麼希望？

我只能讓自己不要太注意自己的渴望，也不要太重視自己的感覺。

如果有渴望、有感覺，甚至有夢想，只是徒增生活的變動，我寧可不要在乎什麼，就能過一天，是一天了。

親愛的，我知道那種要什麼都得不到的感覺，因為多一份渴望，就等於多一份失落，所以寧可什麼都不要。不要期待，就能避免失望及受挫。所以，把自己局限，縮小在一個非常小的生存空間中，每天或許就是固定的一兩個地點，移動來移動去。

儘管日子乏味，許多時候，根本沒意識到自己過著什麼日子，也體會不了自己的感受。但這樣的日子，至少好像保障了什麼。雖然這樣的保障，事實上，也不能真的保障什麼未來。

我也能體會，為了生活與生存，不得不放棄欲望的壓抑感——為了保持生活的不變動，所以告訴自己，這樣的生活，就是最安穩、最不用擔憂的。

但我時常說，一時的安穩，看似安穩，其實是另一種風險。不滾動的石頭，會生出青苔；不流動的水，會發臭。而一個人如果放棄學習，也放棄透過分享，來獲得新知、新的刺激，人的內在必然陳腐，也必然固著。於是，有一天，他便會面臨無法與環境接軌，也會和所處的環境形成無法跨越的鴻溝。

他也將失去機會，透過與環境互動，交互作用出成長及成熟。

人的一生中，不同的階段，都有不同的學習任務。生命走到任何一種狀態，都會為生命帶進新的變動、新的關係、新的任務、新的挑戰，透過這些生命新納進的部分，我們學習，繼續蛻變，繼續完成最終要成為的自己。

努力的成果不如期待，讓我們學會臣服

學習，未必是一帆風順，也常可能因為不熟悉，而有感覺茫然及挫折的時候。但即使是挫折或不順利，難以達成理想結果，這當中仍有可以學習的過程。

當學習進展緩慢，或看不見成果時，會讓人經驗情緒低落或自我懷疑，也會心生厭煩。然而，如果我們無法持續鼓勵自己，給予自己能量繼續學習，克服所遇的關卡及問題，我們便會被自己的挫折及沮喪壓制，走向悲觀及自我挫敗的方向。並且，拒絕再經

歷學習過程，放棄所有的嘗試。「嘗試」將會立刻被聯想為「失敗」。害怕經歷失敗，也就是害怕挫折，會讓我們個體的發展及成長停滯在某處，難以進展。

如果你願意，在任何情況中，都可以試著體會及洞察，對於生命來說可以有所累積歷練的所在。有歷練，便能累積人生經驗，也能凝聚經驗，轉化成生命智慧。

當經歷反覆挫折，沒有進展，這是為了讓我們學會等待與謙卑，而非抱怨與怪罪。

當情況很快達成與成功，這是為了讓我們學會相信自己，而非自負與驕傲。

當生命遭遇奇大的痛苦與失落，這是為了讓我們學會慈悲同理與撫慰，而非自憐與懷恨。

當生命經歷了奇妙的獲得與領受時，這是為了讓我們學會感恩與珍惜，而非視為理所當然、占據，並吝嗇分享。

當我們努力追求但沒能如期待時，這是為了讓我們學會臣服與接受限制，而非不顧一切的強逼與強求。

而當我們什麼都不想變動，變動卻還是一直來，這是為了讓我們學會應變，並在變動中學習更多能力，而非消極性對抗，以意氣阻抗事實。

如果生命裡有許多傷害與層層疊疊的傷痛，這是為了讓我們尋找與發現真實療癒之路，而非報復與糾纏，全然毀滅。

所有的事，都可能是好事，也是壞事，或許這世上沒有真正的好事，也沒有全然的壞事，都在於你——你的心、你的眼光、你的角度、你的位置，決定著這些事、這些情況、這些遭遇，要成為你生命的好事，還是壞事！

最終，所有的一切，都是為了讓你懂自己、懂他人、懂愛，並明白什麼才是真實的自己，真實的人生。

在人生中，選擇你要學習的方向前進

每一天，這個世界都有訊息進入你的生活。可能是讓你弱化思考力，退化你的成熟性，與之鬥氣、抬槓、言談不負責任，或是讓你變得沒有力量，處於自憐、受害處境。

但每一天，這個世界也都有訊息給你，讓你自覺自己的生命潛質，看見自己的生命力量，知曉自己要邁向什麼樣的成長方向。這些訊息讓你提升自我肯定，進化自己的思想、情感，整合你的完整自我。讓你成為一個真實且具有功能的自我。

這個世界，每天都有訊息發生，雖然表面上都稱為「分享訊息」，但有的訊息讓你落入地牢，越活越封閉、狹隘。有的訊息讓你開拓視野，也讓你知道，這世界需要面對的挑戰及改變。

每天都有訊息讓你陷落，或讓你提升。但是，取捨訊息的人，才是關鍵。你如何取捨，將決定你生命的前進方向，也決定了你的生命際遇。

所以，每天練習為自己選擇具有力量的分享，為生命帶來更多的沉澱及思考，不論是自己的生命力量，究竟要付出在哪個方向，或是如何在身為男性或女性的角色及身分上，更具有自我認同，並且勇於實踐自我生命的獨特存在。

如果我們希望生命的晚年能有所歷練，能有所洞見及成熟，那麼，從你自覺及發願的此刻開始，便要把握自己所走的每一步。包括如何因應及取捨世上的訊息對你的影響。

分享，一種雙向的相互學習

許多時候，我們拒絕與外界交流，封閉了訊息的傳遞；無論是進入的訊息，或是出去的訊息。這樣緊緊閉鎖時，內在就像是一個沒有氧氣及光亮的空間，只有沉悶的濕氣，和空氣不流通的霉味。

沒有保持交流的生命狀態，**雖然堵住了外來的傷害及干擾，但外在環境所存在的有益成長條件，也因此無法進入生命，激勵生命的成長及發展**。封鎖，停止學習的狀態，對生命而言，是一種停滯，也是一種損耗。

所有的生命都有其長處，也有其限制；有其最能展現能力的所在，也有薄弱不擅長的部分。

如果，我們可以分享所看見的角度，分享我們各自的思想、感受，進行文化上的交流，那麼，我們就能在彼此接觸時，透過分享相互學習，各自激盪出更豐富的思維及觀點。

表達及聆聽的能力，在分享及相互學習的過程中，是非常重要的兩大能力。不站在以自己為唯一觀點的位置上，才可能在聆聽他人表達時，聽見及看見他背後所代表的文化、生活習慣、成長歷程對他的影響。也把屬於我的部分（那些文化、生活習慣和成長歷程的影響），以分享的態度，讓對方了解及參與。

若站在以自己為唯一正確的位置上，那無疑的，你所處的位置，並不想真實認識其他人，也不想認識除了自己以外的世界。那所謂的唯一正確，可能只是一種防衛，為了鞏固自己的「優越」，將他人區隔為「次等」或「次要」的一種方法。

優越情結，只會讓我們排除異己，卻無法讓我們更認識世界，也無法真實地參與世界。故步自封，讓我們活在自己的象牙塔中，自認為優越，卻沒發現，那是因為我們眼中，並無世上其他人存在。

對這世界有越多了解，越知道這世界何其大的人，往往越感覺到自己的不足，也越能對事物保持好奇，更願意持續研究這個世界，研究生命。他的成熟及沉穩，也多來自他所涵納的豐厚體驗，不會在不了解前，就先率性表達。也不會在還未接觸人事物本身前，就先入為主，加以斷言。

對這個人而言，不論生命走到幾歲，都不會因此畫地自限，並告訴自己：學習是不必要的事。

事實上，學習，是人從出生直到死亡，都在經歷的事，因為我永遠不會知道「明天」那些我們還未經歷到的體驗。

透過一生的學習及分享，我們才終於能成為自己，蛻變「成人」。不再懦弱無知、幼稚膽怯、逃避責任、莽撞衝動、混亂迷惘，而能展現自己的力量，展現自己的成就，展現自我的理念，及展現對責任的承擔力。

實現自我的生命理念

我，活著到底是為什麼？

我聽人說過，每個人的人生都有一個自己的藍圖，有自己要實現的目的。在成為生命之前，每個靈魂都知道，自己究竟為何要來這世界一趟。

除了我以外，我看見許多人，也都很茫然，總是東撞西撞的，在找自己人生的歸屬，也在找自己人生的出路。

我想，或許我們都想證明自己的不同，或想證明自己是優越的吧？

但真正優越的，又何需證明呢？或許只是在顯現我們內心都認為自己「不夠好」吧？

究竟什麼是夠好？

究竟我能夠為這世界帶來什麼影響？

究竟來這世上一趟，是為什麼？

如果人生最終就是死亡，什麼都消逝，什麼都化為烏有，那在人生過程中這麼努力生存，這麼努力打拚，這麼努力地建立那麼多社會要我們擁有的條件，是為了什麼？

我不明白，所謂生命的存在，其實只是被這社會操弄及利用嗎？

其實生命到頭來只是一場空，不是嗎？

所以，應該盡可能享樂就好，樂在當下，不要為未來擔憂太多，也不對未來抱有希望，是這樣嗎？

誰能告訴我什麼才是對的呢？

親愛的，我無法確切回答你，人在誕生之前，在靈魂意識中，是否已清楚地帶有自己的人生藍圖，及所要完成的人生目標。但我知道，每個生命都想探索及洞察自己存在的意義，都想感受到自己的存在，是真實、有價值的。

但我們真的能在人生的過程中，找到存在的意義嗎？真的能以一生實踐自己的理想嗎？

這世界並不完美，我們存活的世界和社會，仍然充滿了問題：貧窮、疾病、傷害、災難、戰爭殺戮、性別不平等……等等。不但持續存在，也在各地發生。我們確實無力改變這個世界及社會的每個問題，當問題累積越多，當整個社會都崇尚物質擁有、崇尚享樂，我們光顧著擁有更多物質，就已費盡了所有心力，又哪來力氣再關心世界、關心社會及他人？又哪來力量，實現自己的理想？

當我們陷入迷思，花時間賺取更多物質，也擁有更多生存條件時，別忘了，我們是拿生命的精神及力氣去換的。我們的精神及身心持續耗損，內在狀態持續虛空，即使再多物質的擁有，也填補不了那一份虛空及耗損。接踵而來的，是更多為了維持這些物質供應，而不允許停止獲取金錢的疲憊感及沉重壓力。

我們存活在世界上，對物質的需求必定存在，不論食衣住行都離不開物質。但我們賺取金錢，來維持這些生活所需，及經營自己想要的生活品質，都不是為了成為物質的奴僕，被物質操控我們的生命，而是證明自己有獨立照顧自己的能力，也能靠己力滿足自己、供應自己。

但是，如果演變成對物質的無盡欲望，則生命必會淪陷在一種風暴或災難中。當生命的風暴或災難發生，表示欲望已超過我們能力可及。過重的金錢負荷，這些負擔及消耗，演變成財務風暴或生命災難，持續挖空我們的生命能力，掏空我們的經濟基礎。

或許我們該覺醒：自己已落入物質的追逐遊戲太久、太習以為常卻不自知。不過即使已淪陷在風暴中，也未必能讓人清醒。

生命的過程，不是要我們淪為物質的奴僕，或金錢的奴隸，而是要我們學習運用金錢及物質，讓我們過有品質的生活。同時，要學會評估及取捨。永遠只會「取」，不懂「捨」，生命仍然早晚會出現災難。

陷落在物質的追逐遊戲中，經歷金錢的風暴及災難，從一個層面來看，你從未好好認識自己是誰，也未好好地知曉自己的人生，真正要實現的是什麼。

而從另一個層面來看，若是能有所自覺，你就能從這樣的生命經驗中，得著真正的解放及自由，了解人生真正要去追求、要去實現的是什麼。你將大有機會，從陷落中獲得生命的覺醒，真正看見自己的存在所具有的意義。

從一個念頭，到推動世界的力量

我們透過人生，建構自己關於生命的理念。因為，我們一生，都是自己生命的探究員。

我們渴望找到密碼，來獲取這一生的榮耀及成就。也渴望擁有一把鑰匙，打開無數阻礙生命通道的門鎖，最終抵達我們本該到達的地方。

然而，對許多人來說，卻不是累積經驗，並從經驗中獲取智慧，對人生有一番領悟。而是不斷向外找，向外拜求，向外索取祕笈、祕方，卻不是透過自己行走在人生當中的學習、經驗，及整合後的領悟，來建構自己對於生命的理念。

其實，我們每一天都在傳達自己的生命理念，當我們對另一個人說：「我跟你說啦，你要……」或是「那件事就該……」，我們所述說的話語，正是自己對生活的見解、對人生的體會。只是，我們不一定意識到自己正在這麼做。

每個人都有自己所相信的信念，也有自己認定的價值觀。什麼是好？什麼是善？什麼是生活的目的？什麼是一生的意義？這些問題，如果我們願意好好傾聽，好好聽自己說，人人都有自己的答案。

所以，所謂「實現自我的生命理念」並非遙不可及或多困難的事，其實我們或多或少都這麼做著。當你能夠好好表達出對生命的體會，對生活的見解，或許你就能影響一個人，然後，影響更多人，最後，成為一種理念。

世界的改變，或社會的改造，許多都曾起於一個微不足道的想法或體會。從發想開始，透過表達及傳遞，讓更多人接觸、了解及認同，進而參與，成為推動的力量。在持續的凝聚後，化為一股改變世界，及改造社會的強大力道。

我們一定能在世界中找到屬於自己的團隊

我們無法預料，那些微不足道，甚至無人關心的想法或體會，何以能成為後來撼動世界的力量？但有兩個先備條件，讓這樣的力量可以聚集、連結。

第一個條件是，發動理念者，並不輕忽或輕視自己對於生活的體會，及對生命的見地。

第二個條件，這個體會或想法的存在，是有益於大眾生命、有益於世界，並立基在愛與良善的信念上。

有了這兩個先備條件，即使發想和體會時是孤獨的，在孤獨的推動中也能漸漸地連結到有共鳴的生命，凝聚出撼動世界的強大力量。解放奴隸是這樣、兩性平權是這樣、醫療或教育改革是這樣、臨終關懷也是這樣。因為一個人的體會及領悟，因為傳達及推動，讓更多人知曉、連結、認同。

或許不是立竿見影，馬上可看見效應，但只要不是為了己利，而是為了大眾的益處，為了社會的提升及改革，便會在時間的推進下，產生屬於它能有的成果和影響力。

即使，我們不是第一個發想的人，也並不擅於表達及推動，但我們一定能在這世界中，找尋到與自己有共同關懷的人及組織。

當我們願意參與及連結時，投入在當中所付出的心力及時間，也就是自我理念的實現。朝集體的共同目標推進時，對於連結在當中的自己而言，也能從中體會到存在的意義及生命的價值。

所以，完整的自我發展，包括能與共同理念者產生共鳴、連結，並將生命真實地參與在當中（不是旁觀者，也非被動者）。透過共同的目標實現，看見個體的理念實踐。

人，是離不開團體的，在團體中，我們才更能看見彼此存在的意義及價值。相互激勵、相互支持，相互打氣及推動，是實踐生命理念過程中美好的經驗，如夥伴、如同袍、如團隊，因為有這麼多力量凝聚，我們心中的勇氣小苗於是更加茁壯而堅韌。

只要我們不輕視自己的生命理念，也確知有益於公眾，那麼，為完成你自己，發想吧！發動吧！讓自己和社會、和世界，有真實的連結，也清楚看見自己屬於社會性的面貌。

樂於成就自己

我的人生，最後會成為什麼樣的自己呢？
有什麼辦法，可以讓我看見未來的自己？
如果，我不夠聰明，沒有足夠的家世條件背景，沒有特殊天賦才能，這樣的我，能成就什麼？
只要不放棄，只要堅持，成功就一定會屬於我嗎？
有時候，我真的想像鴕鳥一樣把頭埋進沙坑，想要逃避這充滿未知及危險的現實社會，也想放棄面對那種不如意、不得志的挫折感受。
那種感覺，就像我是沒有能力的人，做不到自己想達成的目標。
但我也不甘心，說放棄就放棄，如果都已經撐了很久，投入許多時間和心力，為什麼我不能成功？不能再往上爬一點？
老天難道看不到我的努力嗎？
難道我不能擁有屬於我的幸運和幸福嗎？

親愛的，有時候，我們的生命像是有無形的天花板壓制著我們。不能隨性而為，不能想要怎麼做就怎麼做，不能想說什麼就說什麼。更可能，我們通往夢想的路上，常覺得窒礙難行，即使有翅膀，也飛不出去，像是隻囚鳥，困在殘酷的現實之中。

香奈兒女士曾經說過：「生命不曾取悅於我，所以我創造了自己的生命。與其在意別人的背棄和不善，不如經營自己的尊嚴與美好。」

我被這句話感動。如果生活的處境及環境，都像無形的天花板或鳥籠束縛我、囚禁我，讓我有夢想也難實現，這或許就是激發我要做一個創造者。如果環境充滿不善，又遭他人背棄，與其費了力氣在意這些，不如好好認識自己的天賦，建立自己的尊嚴，並且，實現自己生命的美好。

就像香奈兒女士，成為第一個在法國帶動女性穿褲裝的人，為女性在服裝上開創了一次次解放，並奠定了自己的生命受人尊敬的價值及尊嚴。

然而，這需要一股相信自己的力量，也需要堅持自己的夢想。

而當阻礙及挫折仍然到來，或許是在告訴你，你並未真正發揮出生命的天賦及力量；你還未真正相信自己的選擇及決定；你還未肯定自己的獨特；你還未願意成全自己。

或許，你心裡總是充滿對自己的質疑，甚至，心底深處，其實早已認定了自己無法成功，無法有成就，只是你還在掙扎，還在跟自己搏鬥。

成全自己，說來容易，行動起來並不容易，因為那需要**允許自己看見自己成功**，也**願意看見自己能夠滿足**。當我們認為自己不夠資格，認為自己不配，或懷疑自己的分量時，我們在潛意識中，就已拒絕看見自己「可以實現自我」，並有意無意地否定了自我的能力。

在這個世間，要完成自我，「衝撞」這個「已成的世界」是必然的。然而，世界的已成，卻並非不能再改變、再進化。我們從一代走過一代，轉頭回望，你可以看見這世界突破了多少窠臼、超越了多少限制、開展了多少可能。

這都不是一夕之間就完成或改變的。許多的生命貢獻力量及智慧，許多天賦才能的付出、投入，我們才能看見這世界的進化。

你的生命也是如此，堅持、認真、努力、付出、行動，為了一個你所要實現、所要滿足的自己，即使走到生命的最後，你願意依然堅持。

拒絕挫折，其實剝奪了生命成就自我的機會

完成自己的過程中，當然有需要調整、學習的地方。畢竟，從出生開始，這世界對

我們而言，就是我們要探索的對象。

而我們探索世界的同時，也在探索自己。越認識世界，就會越認識自己。

可想而知，**我們並非裝備齊全地來到這世界，而是來到這世界，才一步一步被訓練、被培養，然後逐一備齊我們的裝備**。

每道關卡，都在告訴你：你又到了目前能力的極限，前方有你未知的領域，有你不熟悉的情況，需要了解及學習一些新的能力。

「卡關」當然會挫折，但是我們也要觀察自己，挫折的情緒會阻礙我們多久？挫折的情緒是否很輕易地就可以打敗我？

事實上，如果你悉心觀察，無論小孩或成人，真正讓一個人放棄，什麼都不願意嘗試的，不是外在的困難或阻礙，而是這一個人面對挫折的習性，和處理挫折的能力。

挫折情緒，與人相伴的歷史非常長久。根據心理學的研究，誕生沒多久的嬰孩，就已開始發生挫折情緒，也時常與挫折情緒搏鬥。

挫折情緒，是指當個體進行有目的的活動時，在環境中遇到阻礙或干擾，致使個體的需要和行動動機得不到滿足，進而產生焦慮、緊張及不安的情緒狀態。

所以，挫折會讓個體經歷到極明顯的不舒服感，如果不舒服感受無法調節、平緩為可接受，個體便會因為不舒服感而引發憤怒，並採取攻擊。

挫折通常有兩方面作用。從積極方面來看，挫折可以幫助人們，總結經驗教訓，促使人提高解決問題的能力，引導人們以更好的辦法去滿足需要，即所謂：「不經一事，不長一智」。

從消極方面來看，如果心理準備不足，心理素養也不夠，挫折可能使人痛苦沮喪、情緒紊亂、行為失措，甚至會引起種種身心疾患，這無疑將大大挫傷人積極面對生活環境的意願，也影響生活許多方面的行動力，包括學習力。

在成就自我的道路上，我們不可能不遇到挫折，甚至隨處可見。不合理的信念是：「環境沒有挫折就好，一切如我心意，我就能成功。」這樣的信念不僅脫離現實，還會使挫折不斷增加，對於處理挫折感也毫無益處。

而合理的信念是：「人生會有挫折，但我能學習處理挫折的能力，並讓挫折成為我成長的幫助。」

過於保護孩子，或過於保護一個成人免於挫折，其實是剝奪他可以成就自己的能力，也否定他可以透過學習成就人生的機會。雖然美其名是「保護」，但實質上則是剝奪及拯救，認為生命只要不斷給予供應，不用面對外在環境的壓力，就能不用經歷任何不舒服感受，也不用受到否定。然而，**這樣的「保護」，並非來自肯定及成全，反而是更徹底的否定**。

被如此保護的孩子或成人，必然會有很深的自卑感，不相信靠自己的學習及摸索，可以參與及融入這社會。但又害怕經驗這樣的自卑感，也怕承認自己的虛無，而反彈為極端的自負及優越感，以優越的姿態，合理化自己高人一等的命運，來唾棄及排除那些，其實他難以如實進入的學習及磨練歷程。

不論我們處在哪一種領域，若真心想看見一個有成就的自己，那麼，面對挫折，進而處理挫折的能力，就顯得非常重要。

另一個說法就是，能與自己的黑暗面，那些所謂不受歡迎的情緒，好好相處。讓這些情緒轉化為幫助我們更寬容，也更有涵納性的對待自己，然後整合回完整的自己，再繼續的面對挑戰及關卡。

當你遇到挫折，就看見及承認這一份挫折，並釋放這一份挫折的情緒壓力。情緒壓力釋放過後，才能恢復內心的平靜（大腦的冷靜），然後，凝視這一份挫折的發生，有多少成分來自外界真實環境的限制，有多少成分，來自自我慣性的處理模式及思維模式。

如果有可以從自身去調整及改變的部分，那會是什麼？是溝通方式？是協調方式？是進行方式？是準備的內容？

以平常心如實地評估，不被情緒蒙上眼睛，任由情緒主掌內心處理阻礙及限制的過程。只交由感性處理，拋棄理性的一同合作，遇到危機，必會迷思在情緒漩渦中，無法找到逃生的出口。

接著，問自己：可以多練習什麼？可以多去學習什麼？可以去尋找什麼資源？可以去詢問哪些有經驗的人士？

每一次挫折，都給了我們一次機會，調整與外界的關係和互動方式。也反映出我們遇到阻礙時，是會試著了解如何克服，還是會轉頭逃避。

面對及逃避，都是因應阻礙或挑戰的方式，兩者都有適合使用的時機，然而，逃避若使用久了，使用慣了，成為固著、難以鬆動的因應方式，則人必然失去積極性，當必須面對時（逃避不了），便會更加艱辛。那時往往沒有足夠的時間，允許人慢慢練習、累積克服的能力。如果早練晚練都是要練，何時選擇面對及練習，就是你需要決定的。

學到，也是一種獲得。成就自己，不只在於那些外在評價及條件，而是你如何鍛鍊自己的內在力量。

將自己生命內涵中原有的天賦及特質，好好發掘、發揮，也是一份成就。即使是完成一件小事，在小事上，看見自己忠實地貢獻才能、貢獻天賦，這份完成，已是成就自己。

扎實的歷練，是為了一次淋漓盡致的演出

過去，你曾被壓制，無法如自己心意，然後，看著自己突破一關又一關的難關，學會那些曾經不懂的、不明白的、不以為然的、不重視的細節、步驟、程序、方法，一步一步建構新的知識、新的能力、新的態度。

這一路的耕耘、一路的創造，都為了讓你看見自己的「如是」。

你會真實看見，自己的生命本就美好。你讓生命的力量散放光芒，曾經掩蓋住光芒的灰塵汙垢，都已在過程中，洗滌、擦拭、淨化。你看見了自己本質的真我，耀眼、純淨，具有人性，更蘊含神性。

或許你歷經萬重山，經歷了千辛萬苦，然而，當你面對曾經的限制，也承認了有所不足，然後謙卑地向生命說「是」，真實地接受你需要這一路的歷練和修煉，那麼，生命必回報給你一份厚重的領會，那就是讓你看見了自己，生命全然綻放，如此自在而喜悅。

此時，你會明白，過去的經驗，像是預演，像是演練，是為了讓我們能獲得一次淋漓盡致的演出——不再有遺憾或懼怕，放開懷地表達自己，盡全力展現自己。即使是大

哭一場，大笑一場，只要真心實意，都能全心全力做自己，成為自己。

創造新自我的第六天・總複習

人的一生，不同的階段，都有不同的學習任務。生命走到任何一種狀態，都會為生命帶進新的變動、新的關係、新的任務、新的挑戰，透過這些生命新納進的部分，我們學習，繼續蛻變，繼續完成最終要成為的自己。

沒有保持交流的生命狀態，雖然堵住了外來的傷害及干擾，但外在環境所存在的有益成長條件，也因此無法進入生命，激勵生命的成長及發展。封鎖、停止學習的狀態，對生命而言，是一種停滯，也是一種損耗。

所有的事，都可能是好事，也是壞事，或許這世上沒有真正的好事，也沒有全然的壞事，而是由你──你的心、你的眼光、你的角度、你的位置，決定這些事、這些情況、這些遭遇，要成為你生命的好事，還是壞事！

事實上，學習，是人從出生直到死亡，都在經歷的事，因為我永遠不會知道「明天」那些我們還未經歷到的體驗。透過一生的學習及分享，我們才終於能成為自己，也完成蛻變為「成人」。不再懦弱無知、幼稚膽怯、逃避責任、莽撞衝動、混亂迷惘，而能展現自己的力量，展現自己的成就，展現自我的理念，及展現對責任的承擔力。

生命的過程，不是要我們淪為物質的奴僕，或金錢的奴隸，而是要我們學習運用金錢及物質，讓我們過有品質的生活。同時，要學會評估及取捨。永遠只會「取」，不懂「捨」，生命仍然早晚會出現風暴及災難。

如果，我們陷落在物質的追逐遊戲中，經歷金錢的風暴及災難，從一個層面來看，你從未好好地認識自己是誰，也未好好地知曉自己的人生真正要實現的是什麼。而從另一個層面來看，你若有所自覺，則能從這樣的生命經驗中，得著真正的解放及自由，了解人生真正要去追求、要去實現的是什麼。你大有機會，從陷落中獲得生命的覺醒，真正看見自己的存在所負有的意義。

完整的自我發展，包括能與共同理念者的共鳴、連結，並將生命真實參與在當中（不是旁觀者，欲望）。透過共同的目標實現，看見個體的理念實踐。人，是離不開團體的，在團體中，我們才更能看見彼此存在的意義及價值。相互激勵、相互支持，相互打氣及推動，是實踐生命理念過程中美好的經驗，如夥伴、如同袍、如團隊，因為有這麼多力量的凝聚，我們心中的勇氣小苗，更加茁壯而堅韌。

在這個世間，要完成自我，「衝撞」這個「已成的世界」是必然的。然而，世界的已成，卻並非不能再改變、再進化。我們從一代走過一代，轉頭回望，你可以看見這世界突破了多少窠臼，超越了多少限制，開展了多少可能。

這都不是一夕之間就完成或改變的。許多生命貢獻力量及智慧，許多天賦才能付出投入，我們才能看見這世界的進化。你的生命也如此，堅持、認真、努力、付出、行動，為了一個你所要實現的自己，所要滿足的自己，即使走到生命的最後，你願意依然堅持。

每一次的挫折，都給了我們一次機會，調整與外界的關係和互動的方式。也反映出我們遇到阻礙，是會試著了解如何克服，還是會轉頭逃避。面對及逃避，都是因應阻礙或挑戰的方式，兩者都有適合使用的時機，然而，逃避若使用久了，使用慣了，成為固著難以鬆動的因應方式，則人必然失去積極性，當必須面對時（逃避不了），便會更加艱辛。往往那時，也沒有足夠的時間允許人慢慢練習、累積克服的能力了。如果早練晚練都是要練，何時選擇面對及練習，就是你需要決定的。

請在第六天，寫封給自己的信，真實地與自己對話，聆聽自己的聲音：

關於你真實地與外界互動的情況，以及你如何看見自己與環境的關係。

在學習和分享的經驗中，你是如何呈現自己的？

漠視自己，還是鼓勵自己？封閉自己，還是開放自己？

你相信自己，值得擁有自己想要看見的成就嗎？

對於成就，你的定義、見解是？

透過與自己對話的歷程，你發現自己的生命理念是？

你有想推動的信念嗎？

如果你有一個可以影響世界的信念，你認為那是什麼呢？

你知道你的生命方向，要朝哪裡堅持嗎？

親愛的__________

新自我誕生曼陀羅

第六天——「虹」

曾經掩蓋住光芒的灰塵汙垢，
在過程中洗滌、擦拭、淨化後，
你看見了自己本質的存在，
耀眼、純淨，具有人性，蘊含神性。
歷經了千辛萬苦，翻越萬重山，
你終於真實看見，自己生命原本的美好。
你體會到——
當你面對了限制、承認有所不足，
並謙卑地向生命說「是」，
真實地接受你需要的修煉及學習時，
生命會回報給你一份厚重的領會，
讓你看見真實的自己，
全然綻放，自在而喜悅。

創造你的新自我

第七天

安息及修復・自我照顧及滋養・接納自我

天地萬物都造齊了。

到第七日，神造物的工已經完畢，

就在第七日歇了他一切的工，安息了。

神賜福給第七日，定為聖日，

因為在這日神歇了他一切創造的工，

就安息了。

〈創世紀〉2:1-3

功績社會下，我們需要足夠的安息

我有一種說不出的倦怠。

即使是休假，或不在工作環境中，我還是抵擋不住內心的焦慮不安。總有一種「來不及了，快、快、快……」的聲音催逼著我。

就算我離開了工作場合，也安排了其他放鬆的活動，但滿腦子飛舞的還是我的工作計畫、我的生活瑣事，還有許多他人的訊息及需求。

而且，總是提心吊膽，好像會在我不注意時，又發生什麼事，發生什麼狀況。

我知道長期的倦怠下，我對生活不再有熱情，什麼都激不起我的強烈感覺。反正做就對了，該做什麼就做什麼，不要讓自己想太多。

累到過頭時，反而很難入睡，就算睡了，兩三個小時就醒來，反反覆覆，隔天的身體狀況更糟。

但又能如何？事情還是一件一件地來，還未完成的任務一堆，還要不斷接受新的事務，有時，真的覺得快爆炸了。

什麼時候才能夠真正的休息？
所謂的成人生活，就是這樣嗎？
永無止境地負擔？永無止境地工作？永無止境地面對壓力？
我現在好渴望有一小段時間是完完全全屬於自己的，不用跟別人交代，不用關注別人的需求，不用擔心別人的看法或期待。只要我自己一個人，就好。
這樣想，是孤僻嗎？還是，逃避呢？

親愛的，那種深深的疲憊感，我曾經也好熟悉，只能硬撐，努力撐，忽視自己的感受，要自己繼續承受。甚至不敢多想，有一刻，情況會有所不同。

以為只有不斷努力承受，努力扛，才是負責任的方式，絲毫沒有覺察自己究竟過著什麼樣的日子。當然，也無從調整及改變。

我們活在功績社會的時代，社會的訊息不斷迫使我們，要求自己必須積極活動，不斷擴張自己的觸角，卻不知道自己究竟在忙些什麼。窮忙、瞎忙之後，內在大量湧現的倦怠，使自我產生了巨大的被吞噬感。不僅造成彼此關係分裂，也使我們什麼都不願意再做。

功績社會的遺毒，留在人類身上的，是大量的焦慮、憂鬱、沮喪、無力、疲倦，還有自我的「無存在感」。

我們內在的心靈神祇累了，內在的英雄也乏力了，大量的倦怠，想要無所事事，好修復長期的傷口，療癒失去免疫力的身心。

過度積極、過度擔責、過度追求，終將使我們掏空。無法說「不」，於是無法停止——無法停止消耗、無法停止破壞、無法停止侵蝕，我們終將只剩下一具「軀殼」。

沒有邊界地擴大自己，卻提早一步失去自己。

安息，是修復的開始，**徹徹底底離開「所有事」，回歸自己**。

徹底修復及療癒。不再以事占據心智，或以計畫侵犯心靈的神祇，使內在的神性過度耗弱，使靈性之光微弱，甚至將滅。

收復自己，回歸安息的中心。不再努力積極地要增強，而是為自己尋回心中的寧靜，整合回自我。

那傷痕累累、支離破碎的自我，需要我們的呼喚，喚回意識，喚回感受。並且容許自己緩慢安穩地存在，就好。

如果，我們無法為自己空出滋養自我的時間及空間，我們就無法為自己保存那一絲生命之氣，允許生機與我們同在。

時間的意義，是留下生命經驗的刻痕

被「制約」的我們，已習於活在時間的推動中。我們像是機器，社會則成了大型工廠，我們不斷不斷運轉著，早忘了「活著」是怎麼回事。

時間，在社會化的操作下，成了唯有用金錢與利益（利潤）才得以量化出價值。時間變成每日的壓迫者與監工者，總是催促著我們：快、快、快。但社會化的意義若消失了，時間，恐怕就成了無意義的名詞，更可能成為無價值的空虛物。

如果從生命本質來理解時間對人的意義，每一刻、每一分鐘的時間，都是獨一無二，都是唯一。此刻一過，就無法再複製這一刻。

這一生中，你的每一刻，都無法再被複製。時間的意義，是留下生命經驗的刻痕，為你的生命經驗提供一個刻度，讓你確實在時間的刻畫中，更加深刻明白生命，更加深刻體驗人生。

藉著數算自己的日子，我們能慢慢體會自己的力量如何升起，又如何虛弱。

自己的勇氣是如何滋長，又如何消逝。

在每一步的生命歷程中，你是如何跌落，又如何爬起。

關於人生的疑惑，你是如何疑惑，又如何明白。

你是如何學習著掌握自己生命的力量，認識自己是誰，然後克服與轉化自己的逆境。

時間，在每一個人生命中展現的意義都不同。

如果你知道，時間不是只有社會化的意義，那麼就**安心在「你的」時間意義裡，體會與學習你的生命，領受時間留於你生命的禮物。**

照顧好自己：關照、滋養、愛

我確實覺得很疲累，確實也覺得越來越空乏，但能怎麼辦？

我生活周圍就是沒有人能看見我的疲累，能允許我停頓。即使看見了，他們也愛莫能助。

大家都只顧自己的事，很少人能再為他人付出，只想切分責任，切分工作。

我不想成為那種人，只顧自己，所以總是想：就多承擔吧！

卻沒想到，到頭來，好像什麼事都跟我有關。而我竟然不知道如何說不，不懂怎麼為自己表達出一個不受侵入的範圍？

我以為我這麼願意承擔，可以讓他人看見我的付出，當我需要他們支持或分擔時，他們會挺身而出，義無反顧，哪知道，卻常常是無人因應，無法接手。不是丟下一句「能者多勞」，就是說一些風涼話，讓我好失望，好難過。就算偶爾為自己說不，不接受別人拋出的問題及困難，別人就會卯足火力怪我，批評我狠心、自私，或是見死不救。

好像那是我應該要做的，應該要滿足他們。

我真是被這些反覆的情況搞得頭暈腦脹，也感到心力交瘁。

做人難；做好人，更難。做好人的代價，其實不是被肯定及被尊重，而是被任意對待及要求。

我越來越常感覺到自己的有限，這和以前的我，差很多。

以前的我，很難感覺到自己的疲累，好像鐵打的一樣，事情來了，就盡快做，朝著目標努力完成。

我從來不去意識我的感覺，總是告訴自己目標、目標、目標。

有時候聽人講許多擔心、害怕，我就告訴自己，不要想太多，做就是了。反正有做就有進度，沒做就什麼都沒了。

可是，我現在漸漸感受到自己的力不從心，想起以前我跟自己說的那些激勵話語，或跟別人說的打氣的話，我會覺得好諷刺。

現在的我根本不想聽到那樣的話。

我覺得我裡面的狀態，就像是空的油箱，路過的人卻還是要我盡力供油。我榨取所剩無幾的油滴，勉強應付，卻很難不感覺到自己的空虛匱乏。

到底要怎麼做，我才能再感受到自己的活力，才能感受到自己的行動力？

這樣持續耗損、持續虛弱下去，難道要到我真正倒下了、崩毀了，一切才能終止嗎？

親愛的，生活在現代這麼忙碌，這麼充滿壓力的環境，要好好的關照自己，確實不是一件容易的事。

因為人我關係混淆，許多人根本從來沒有釐清過，什麼是自己的責任，什麼是他人的責任，以至於，我們總是把別人的責任扛在自己身上；又把自己的責任，丟給他人來承擔。

自我成熟過程中最重要的能力，是能夠照顧好自己，這是每個人都需要學習的能力。

現代生活雖然便利，什麼都迅速快捷，但是資訊爆炸、人際情感疏離、事務繁忙、角色複雜，都使我們每一天大量消耗能量，損耗體力及心力，承擔著壓力。

生活中不可能沒有壓力，我們可以學習的是覺察及如何處理。處理壓力，需要先明白如何照顧自己。

什麼是好好照顧自己？

照顧自己，不是把自己丟給別人，要別人滿足及供應我的需要；也不是把自己封鎖起來，要自己不要去增加別人麻煩，用自己慣用的方式要自己閉嘴、堅強點、忍耐、趕快沒事。

極端的處理方式，失衡的因應，都是「對自己不好」。

照顧自己，首先，要能覺知自己的狀態，懂得自己的感受及情緒。在沒有漠視自己感受及情緒的前提下，問問自己，現在的自己需要什麼？想要如何修復及休養？

是一個人安靜一會兒？

是一個人走走，沉澱一下？

是有一個陪伴者陪自己說說話？

是自己的心情需要被理解？
是心中的疲累可以好好休息放下？
是心中的悶氣可以好好釋放？
是心中好想聽見一句肯定或鼓勵的回饋？
照顧自己，必須先建立在懂自己的需求的基礎上。並且為這需求，做第一個負責任的人。

負起責任，做個能照顧自己的人

學習照顧自己，就是不會再像個孩童一樣：生著悶氣，等著別人來討好我；自己悶悶不樂，等著別人來安撫我；指揮或控制別人該怎麼來滿足我；好討厭自己，卻又期待別人說喜歡我。

這是孩童時期，我們還未真正懂什麼是「照顧」時，用來人際互動的方式，把平衡自己的責任，丟給他人來照顧的過程。因為孩童時期，我們確實需要透過外界的協助，來幫助我們調節內心的不平穩及失衡。

但是，如果已經是成人了，還以過去孩子氣的方式，要求重要關係中的另一個人，來負責寵愛我，就會是本末倒置。想想看，這就像一個連你都不想要的小孩，你卻到處問別人：「你能照顧好小孩嗎？我的小孩送給你照顧好嗎？我好討厭我的這個小孩，但你最好來把他照顧好！」

懂得照顧自己，並運用資源及方法把自己照顧好，是一個成熟的大人需要具備的能力。許多人卻會問：「那不是又回到硬要自己堅強的處境嗎？」

那是不同的。還只是個小孩時，你真的需要被照顧，也透過被照顧的經驗，學習如何照顧自己。但是，因為過去的環境及家庭因素，當我們需要這一份好的照顧經驗時，我們也許曾遭受漠視、忽略、嫌煩、排拒……以至於我們內心受傷，自尊受損，所以我們執拗地要自己「少沒用了」，不相信別人會照顧我，要自己不要期待，因為期待只是自討沒趣，更加受傷罷了。

所以，我們委屈、不滿、失落、哀傷，然後命令自己不得不堅強，帶著一種小孩狀態的受傷情緒，卻偽裝成熟或故做堅強。

那樣的成熟，不是真的成熟；那樣的堅強，也並非真實的強壯。

所以，在成長的過程中，我們開始學習運用更大的機會及資源，比過去年代的大人更懂得「好的照顧」是什麼；能在乎心靈的回應及連結，能在乎內在的感受。

現在，我們擁有這麼多的資源及機會，讓照顧生命的方式提升、改善、精進。然而，我們若不是將這些學習，先運用在照顧自己身上，反而是沿用或複製過去的受傷處境，孤傲地要自己故做堅強，不要信任人，也不要相信自己有愛的能力，那麼，再多的學習，也是枉然。改變，並不會發生。

我們學習、成長，懂了更多的方式理解生命、回應自己，就是因為，我會是試著以好的態度、好的方式理解自己內在需要的第一人。不再是等著有一個人來滿足我，或回應我，讓我可以依賴、可以汲取，可以不需要費力學習。

懂了自己，才會是自己最有力量的照顧者

我懂得，在乎自己不是自私。

我懂得，聆聽自己的感受，不是太閒。

我懂得，表達自己的感受及想法，不是意見多、麻煩。

我懂得，需要停止喧譁、需要安靜，不是孤僻。
我懂得，尊重自己的選擇，不是固執。
我懂得，有自己的界線，不是難相處。
我懂得，承認限制，不是軟弱沒用。
我懂得，溫柔對待生命，不是濫情。
我懂得，承認及接納脆弱，不是不夠堅強。
我懂得，為自己拒絕侵犯及耗損，不是絕情。
因為深深懂了自己，你才能是自己最重要，也最有力量的照顧者。你會是最懂自己需要的人。即使他人並不認同，也不理解。
我們年幼時，無助且弱小，總渴望父母是最懂我們需要的人，那是由於小時候還有太多能力我們並不具有，同時，我們有太多需求，需要父母的資源來供應。所以，我們需要大人，需要仰望，期盼他們看見、給予，及滿足。
而成長，就是為自己學習，獲取更多能力，為自己的生存獲得更多資源。當我可以承擔好自己的生命，並且不再以期待別人回應及滿足我為第一優先時，你會真實地感受到，他人在你生命過程曾經付出的關心及支持，是如此豐富。你會真實感受到愛及恩情的存在，不再模模糊糊，感知不到。

你也會開始感受到親情、友情、愛情，原來都不是那麼理所當然。當彼此都有能力照顧好自己時，不再以相互控訴對方的失誤，及操控對方來滿足我的需要時，我們才能真心感謝生命中存在的情感。

但請記得，我們無法要求或期待，他人應該要如何改變、調整，如果我們連自己都還未能真正學懂照顧好自己，我們又期待誰學得會呢？

所以，不是老想著改變外在世界。當你終於明白，你的一生中，最重要的是，知道如何改變自己時，那時候，你和外界的關係，才會真正有所改變。

生命的活力來源：自我滋養

如果你真的知道自己累很久了，也承擔夠了，那麼，你所感覺到的虛空，是在提醒你，你的裡面沒東西了；沒東西再供應自己，沒東西再供應外界。

如果，你不允許視自己為重要的人，也不認為自己值得關愛及重視，你就會剝奪自己需要修復的時間和空間。而這也反映出，你與自己的關係，始終是疏離及拒絕，也習慣性地將自己擺放在次要的位置。從某些角度來看，也就是將自己「工具化」了，認為自己只是執行的工具。

如果你認知到，自己是「生命」（有機體），你就會明白，生命的存在，是需要養分及照料的。

生命的運行，不是只有付出與承擔，還有接收和休養。

好好照顧自己的生命，就是允許自己接收有益的養分，滋養自己的身心。也同意自己停頓，給自己休養生息的時間。

生命的照顧，最重要的關鍵，是體察自己所需要的平衡。不論是身體或心靈，若出現疾病或症狀，都是在告訴我們，生活的處境及運作的方式，已有所失衡。若我們忽略這些訊號，則失衡會擴大，直到崩解。

然而，即使已瀕臨崩解，若我們能夠即時拉回自己，不再任意拋出自己，我們仍有機會可以給自己足夠的修復和滋養，回復健康。

自我滋養，就像是給自己灌溉，或是補充能夠吸收的養分。若是太急促，或太過猛烈，想快速解決自己長期的耗損，那你仍然未好好正視自己，而是把自己的狀態，當作一個需要解決的「問題」，仍舊未能以「生命」來看對及對待。

生命是有機體，是身心靈各個部分的總和，不僅有思想、感受，還有深層的渴望及各方面的需求。

如果有一個部分失衡，影響的是生命的整體，環環相扣，而不是只是一個部位。

身心靈其實是不分家的，身體的病症，會影響心靈的承受力及心智功能。而心靈若有不利於自我發展及行動的思維和模式，也會在身體上反映出病症。

例如，胃部有疾患的人，呈現在胃部上的現象是消化不良、打嗝、胃酸多，甚至到潰瘍胃痛，長期有這種疾患的人，大多會壓抑情緒，特別是壓抑憤怒，並且有緊張焦慮的情緒反應模式，對事情的自我要求高，也不願意讓人看見自己不夠好的面貌。

臺灣社會長期忽略情緒的教育，也對情緒關照經驗一知半解，所以許多人的內在失衡，多反映在身體上，對於身體的疾患比較能給予注意。但如果是要以此關照回內在的情緒，並反思自己的生活模式，許多人就會反應：「不知道」或是「沒什麼感覺」，迴避對內在感受的覺察，也迴避反思。

雖然人生中難免吃苦，過去也常有人說「吃苦就是吃補」，但要能將苦轉化為補，需要自己內在有力量消化這些苦，也能從苦中體會到對生命有所滋補的部分。如果沒有消化及轉化，苦，始終只能是苦。

而除了苦的轉化，可以成為生命的養分之外，所謂的滋養，還供給自己活力的補充。把內在淤積的廢氣排出，讓內在空間新鮮有氧，才能創造出對生命有益的活力。

所以，什麼能對你的自我成長有助益，什麼能讓你保持活力，樂於經驗屬於你的人生，這就是你所需要的滋養。

允許好事發生在自己身上、允許自己可以獲得好的照顧、允許自己能心想事成，允許自己可進行對自己好的安排。當好的滋養越多，不好的損耗也一一終止，那麼，平衡會慢慢回復。健康的自我，也會回到我們生命。

「歡迎你，回到我的生命」

我可以怎麼做？我不懂什麼是接納自己。

回頭想，我想不到讓我感受到「接納自己」的經驗。

接納自己，真的有用嗎？

接納自己，會不會就是擺爛？就是放棄進步？

接納自己，會讓自己更平穩更有力量嗎？

從小到大，我都是在自我要求，及他人的要求中，活過來的。

我不能想像，所謂接納自己、愛自己，是什麼？

如果我無法接納自己，及愛自己，會發生什麼情況？

為什麼我需要學習愛及接納？

這與我設定的人生目標好像違背。我要成為菁英，要成為優秀分子，要能證明自己的生命是有用、有能力的。

如果愛及接納讓我放鬆了，再也無法競爭，無法與人較一高低，甚至讓我變得懶散，這樣對我會是好事嗎？

親愛的，你有過這樣的經驗嗎？夜深人靜時，被無名的混亂感受籠罩。說不上來，究竟是什麼讓你不安，或讓你低落。有時候，只有一個人時，自己顯得沉悶而焦躁，只能不斷找可以轉移注意力的目標，讓自己迴避感受。

每一天，有許多不一定想得清楚的事物，等待我們回應及處理。

一直以來，我們或許只是讓自己應付事情、應付人，封鎖情感，越來越麻木，卻不知道有什麼方式可以讓我們釋放掉沉重情緒，安頓混亂的思緒。

回顧一整天所經歷的事件和體驗，都讓我們產生波動及刺激，有些情況來得又快又猛，我們甚至迷失了自我，不知道自己究竟身在何方。

我們都需要在不斷經歷外界的衝擊及要求之後，把自己整合回來。整合回來的關鍵，是以愛的態度，擁抱回自己，愛回自己，把自己的各個部分一一找回來，接納回來。

那些一時之間被自己遺忘的、拒絕的、拋棄的、切割的，都能得到自己的接納——這是自己的一部分，我願意承認，並且涵納回自己生命中。

你會深層地體會與接觸到，自己不總是那麼勇敢，會害怕、會無力，也會脆弱。你會看見自己也需要被容許、被諒解、被理解、被關注、被撫慰。

發現自己不總是那麼有力量，會疲累、孤單，覺得被排除，和覺得失落。

但不論自己感知、覺知到什麼，都願意深深承認這樣的自己，也學習與這些面貌的自己認識、接觸與握手。

知道這都是自己的一部分，過去是隱藏著，或被遮蓋，如今，終於能親眼看見。

並且，願意再更深一層地與自己和好、和解，更實實在在接納自己，成為完整的自我。

然後，可以安安穩穩，對著自己的這些部分說：「歡迎你，回到我的生命。」

你給了所有人，卻獨獨沒給自己的，愛

我還想告訴你，請再愛你自己多一些。

當你自責、愧疚，或是遺憾，當你懊悔，當你難以接受現在的處境與結果，我仍希望，你能再多愛自己一些。

即使，你做不到完美的理想，也做不到別人滿意的結果，更可能無法呈現出最佳的自己，都要請你看見，你盡力防止了更大的損害，或試著不讓自己做出更具傷害性的行為。

長期下來，你努力承擔，試著不影響其他人，只要求著自己。

你的生活受到了傷害，你卻極力不去反擊，不去對他人報復，也不去認同那些傷害你的人。我想這一切的承擔及面對，真的很不容易了。

但是你看見了嗎？你給了其他人許多體諒與理解，也給了心疼，甚至為對方尋找許多解釋和理由，但所有的人，你都如此給了，卻獨獨沒給自己；不僅沒給自己體諒，沒給自己理解，也沒給自己心疼，甚至，不懂怎麼為自己解釋和表達。

我如此希望：當你可以對別人好，也能不忘記對自己好。

當你不斷試著去愛你身邊的人，也請試著要更愛你自己多一些。愛，既然是一種能力，就不該看對象。不是只努力給予別人，卻不知道怎麼給予自己。知道要怎麼向別人表達，卻不知道如何向自己表達。

如果有對象的差別，如果要有所條件才能愛，那就不是愛了。而可能是討好，是交換，是投射，或是勉強。

如果，你想讓愛真實存在，在你的生命中，在你的生活中，也在你的關係中，那麼，從自己開始，對自己展現出愛，你才可能因為內在有了愛的撫慰及溫暖，而傳遞及散發給外在世界。

當你的內在世界改變了，你的外在世界也會改變。一個新的世界，就是來自於你的新自我；一個真實成長，邁向成熟及完整個體的，「我」。

停止那些對自我的耗損及不善，真心實意做回自己，「成為自己」。

不再是任何人的影子，也不再模仿任何人。你就是獨一無二的原創，除你以外，沒有其他了。為你自己的存在，創造屬於你的世界。讓世界與你共存共在，以你的新自我，與這個世界，有一份重新開始的關係和新的平衡。

唯有新的自我，能為一個人創造一個新世界。請以你的新自我，為生命帶進新的體悟、新的認識，創造出你的生命新格局。

創造新自我的第七天・總複習

過度積極、過度擔責、過度追求，終將使我們掏空。沒有邊界地擴大自己，卻提早一步失去自己。

安息，是修復的開始，徹徹底底離開「所有事」，回歸自己。收復自己，回歸安息的中心。不再努力積極地要增強，而是為自己尋回心中的寧靜，整合回自我。容許自己緩慢安穩地存在，就好。

無法為自己空出滋養自我的時間及空間，我們就無法為自己保存那一絲生命之氣，允許生機與我們同在。

時間的意義，是留下生命經驗的刻痕，為你的生命經驗提供一個刻度，讓你確實在時間的刻畫中，更加深刻明白生命，更加深刻體驗人生。

時間不是只有社會化的意義，安心在「你的」時間意義裡，體會與學習你的生命，領受時間留於你生命的禮物。

自我成熟的其中最重要的能力，是能夠照顧好自己，這是每個人都需要學習的能力。

照顧自己，必須先建立在懂自己的需求的基礎上。並且為這需求，做第一個負責任的人。

深深懂了自己，你才能是自己最重要，也最有力量的照顧者。你會是最懂自己需要的人。

如果，你不允許視自己為重要的人，也不認為自己值得關愛及重視，你就會剝奪自己需要修復的時間和空間。

你習慣性地將自己擺放在次要的位置。從某些角度來看，也就是將自己「工具化」了，認為自己只是執行的工具。

如果你認知到自己是「生命」，你就會明白，生命的存在是需要養分及照料的。

生命的運行，不是只有付出與承擔，還有接收和休養。

好好照顧自己的生命，就是允許自己接收有益的養分，滋養自己的身心。也同意自己停頓，給自己休養生息的時間。

允許好事發生在自己身上，允許自己可以獲得好的照顧，允許自己能心想事成，允許自己可進行對自己好的安排。當好的滋養越多，不好的損耗也一一終止，那麼，平衡會慢慢回復。健康的自我，也會回到我們生命。

請在第七天，寫封給自己的信，真實地與自己對話，聆聽自己的聲音：

關於你知覺到自己的生活，哪些部分需要沉澱及安息？

你的身心靈需要什麼樣的修復？

什麼能對你的成長有助益？

能讓你保持活力，樂於經驗屬於你的人生的滋養會是什麼（有益的人、事、物）？

在接納及愛自己的課題上，你的體會及經驗是如何？

若是能對自己表達出愛，及一份接納，你想對自己說的是什麼？

哪些部分是你要一一找回，也愛回的自己？

親愛的＿＿＿＿＿＿

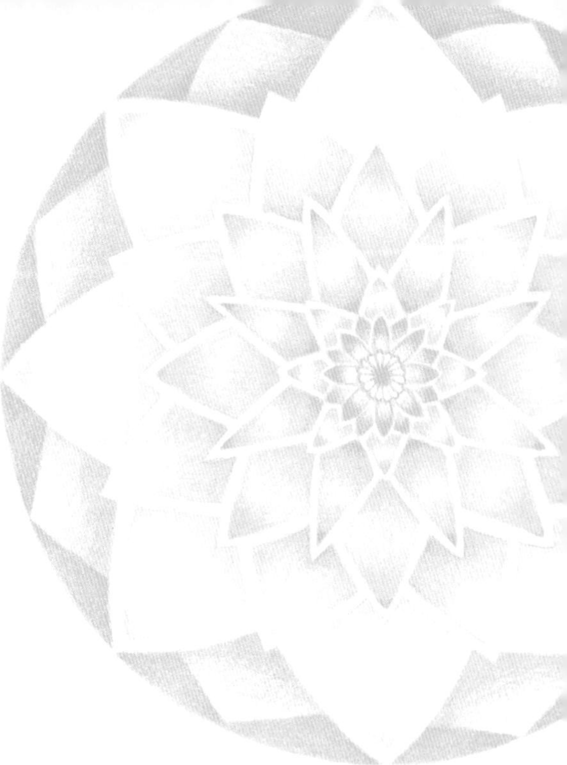

新自我誕生曼陀羅

第七天——「癒」

愛回自己，
把自己的各個部分，
重新地一一找回來，擁抱回來。
那些被自己遺忘的、拒絕的、拋棄的、切割的，
都能得到自己的接納；
這是自己的一部分，在承認後，
涵納回自己生命中。
也許，你因此深層地體會與接觸到自己不總是勇敢，
也會害怕無助，也會脆弱無力。
但因為如此，你懂了容許、諒解、理解、關懷，及
撫慰，
還有，愛的重要。
於是明白了，
唯有愛，可以療癒一切。

後語

每一天照顧及揭開自己，綻放出「全然的你」

我們總在相同的模式中，期待一個「不一樣」的結果。

我們總在同一個環境中，期待一個「不一樣」的希望。

我們總在同一個人的身旁，期待能得到「不一樣」的對待的方式。

但事實是，思維不變，作為與結果不會不同。

解讀的眼光與面對的態度不變，情緒的發生歷程不會不同。

只有當我們看得到思維與行為模式，看得到自己的習性，看得到框架與內建設定，我們才可能有新的選擇。

接受新的挑戰，需要勇氣，並忍受辛苦。但養精蓄銳，讓內在力量茁壯之後，創造生命新的格局，就有了可能。

因為我們有「生命」，生命中的每一天，就是讓我們歷練及漸漸完成蛻變的時間及空間。

而每一天，我們都有付出與獲得的經歷；每一天，我們都有挫折與成就的時刻；每一天，我們也都會經歷挑戰與順利。

每一天，可能有人耗損你，也有人鼓勵你。每一天，可能有人令你傷心，也有人令你明白，你值得領受愛。

聚焦在哪一面，是你的選擇及權利。但記得，無論如何，這世界都不是單一面的存在。

學會平衡，是自我安穩的關鍵。

如果可以，我們都需要靠近可以讓自己受益的人、事、物，而非僅僅停留在耗損、傷害及糾纏的情境中。

支出過多，都是能量掏空的前奏，將來要補償平復的歷程也將越長。

好好照顧自己，便是每日親近讓我們受益的人、事、物。同時，讓自己聚焦在受益面向，看見自己的學習、成長，及承擔。

你如果相信，你值得實現想要的自己，那麼，你會明白，每一天，你都在創造自己的生命，也在完成自己生命的意義。

在這段人生歷程，就如琢璞成玉的過程，是將你原本就蘊藏在生命裡的美好、你璀璨的本質，發覺及揭開。生命，正等待你深掘自己的內在寶藏，等待你綻放出「全然的你」。

這份發覺及揭開，是生命最值得我們付出及投入的所在。

國家圖書館出版品預行編目資料

七天自我心理學，找回原本美好的你 / 蘇絢慧著. -- 初版. -- 臺北市：究竟, 2015.09
240 面；16.5×21公分 --（心理；25）

ISBN 978-986-137-208-2（平裝）
1. 自我實現 2.生活指導
177.2 104013119

Eurasian Publishing Group
圓神出版事業機構
用心與你對話．視野無限寬廣
究竟出版社
Athena Press

http://www.booklife.com.tw reader@mail.eurasian.com.tw

心理 025

七天自我心理學，找回原本美好的你

作　者／蘇絢慧
發 行 人／簡志忠
出 版 者／究竟出版社股份有限公司
地　址／台北市南京東路四段50號6樓之1
電　話／（02）2579-6600・2579-8800・2570-3939
傳　真／（02）2579-0338・2577-3220・2570-3636
郵撥帳號／19423061　究竟出版社股份有限公司
總 編 輯／陳秋月
主　編／王妙玉
專案企畫／沈蕙婷
責任編輯／王妙玉
美術編輯／李家宜
行銷企畫／吳幸芳・陳姵蒨
印務統籌／劉鳳剛・高榮祥
監　印／高榮祥
校　對／林雅萩・王妙玉
排　版／莊寶鈴
經 銷 商／叩應股份有限公司
法律顧問／圓神出版事業機構法律顧問　蕭雄淋律師
印　刷／祥峯印刷廠
2015年9月　初版
2022年12月　9刷

定價 320 元　ISBN 978-986-137-208-2